国際社会人叢書
2

栩木玲子／法政大学国際文化学部 編

〈境界〉を生きる思想家たち

法政大学出版局

序　思索する国際社会人

栩木玲子

「国際文化学部」や「国際文化学科」を置く大学はいくつかありますが、法政大学の国際文化学部はどのような特質をもった卒業生を送り出そうとしているのでしょう。そもそも学部が理念として掲げる異文化理解とはどのようなものか。そうした問いに答える具体像が、本叢書のタイトルにもなっている「国際社会人」です。

では「国際社会人」の定義、あるいは育成の意義とはなにか。詳しくは『国際社会人叢書1　国境を越えるヒューマニズム』の「序」を読んでいただくとして、国際社会人とは端的にいえば「人道、博愛、平等の精神に基づく行動により、国家、民族、宗教や時代の壁を超えて敬愛される[1]」人物。そうした人物を九名セレクトし、その生き方を伝えることが叢書一冊目の目的でした。藤野厳九郎、中西伊之助、ラフカディオ・ハーン、ハリエット・タブマン、リゴベルタ・メンチュウ、杉原千畝、アンリ・デュナン、ラザロ・ルドビコ・ザメンホフ、ムスティスラフ・ロストロポーヴィチ。いずれの評伝も、グローバル化の波が押し寄せる現代を生き抜くための、有益な指針を示してくれています。

それに対して、叢書二冊目は「国際社会人」にふさわしい思想や考え方を中心に紹介していこうというコンセプトです。今回も多様なバックグラウンドを持つ多彩な人物九名を選びました。タイトルの「〈境界〉を生きる思想家たち」にふさわしく、どの人物も国や文化の枠組みにとらわれることなく、既存・既定のパラダイムを超越して多くの人々に影響を与え続けています。

ところで留学前の面接などで志望者に動機を尋ねると、多くの学生たちが「視野を広げたい」と答えます。視野を広げる——つまり自分の偏狭さを認め、その殻を破るために自分とは異なるものに触れ、変化していくこと。たしかに日本以外の国や地域へ行き、暮らし、学ぶことで、それまでの自分の考え方は確実に変わるでしょう。価値観の違いに触れ「こういう見方もあったのか！」と驚く体験は、誰にとっても得がたいものとなるはずです。

でも留学だけが視野を広げる機会となるわけでは、決してありません。個人的な例を一つだけ挙げるならば、琉球放送で放映されている特撮ローカルヒーロー番組『琉神マブヤー』を初めて観たときの衝撃。本作は二〇〇八年に放映されて以来、二〇一六年現在まで続いています。地元沖縄での絶大な人気を受けて映画化もされたので、ご覧になった読者もいるかもしれません。悪の軍団マジムンとヒーローの琉神マブヤーが、マブイストーン（東京言葉に翻訳すれば「魂の石」といったところか）をめぐって闘う——これが基本となるストーリーです。ちなみにマブイストーンはエピソードごとに異なり、ウチナーグチ（沖縄方言）、チューバー（勇気ある者）、テーゲー（適当さ）、エイサー（伝統的な踊り）、チャンプルー（混ぜこぜ）など、沖縄の文化やアイデンティティを象徴しています。そのマブイストーンがマジムンの手に渡るや、沖縄からはその「魂」が失われてしまう――多くの戦隊ヒーローたちが破壊・殺戮・暴力から国やコミュニティを守るのに対して、琉神マブヤーとその仲間たちは沖縄の「魂」を守っているわけです。

その点ですでに『琉神マブヤー』は特異ですが、それだけではありません。キャラクターの描き込み方、善悪の線引きを無効化する物語展開、間の取り方、くすぐりの入れ方、編集、照明、効果音など、あらゆる次元でこのシリーズはユニークです。どの回も、いわゆるハリウッド的な物語映画のコードを過激に逸脱します。この番組を観たとき、自分はいかに狭い枠組みにどっぷり漬かり、閉じ込められていたか、そのことをまざまざと思い知らされました。

つまり留学しようとしまいと、自分の限界に気づき、殻を破ることはできるのです。本を読むもよし、映画やお芝居を観るもよし、音楽を聴くもよし。その結果ものの見方がまったく変わる、こういう考え方もあるのか、と衝撃を受ける。それは必ずしも心地よい経験であるとは限りません。でも「ムリ、ムリ、ムリ」「ありえねぇ～」と反射的に否定するのではなく、相手はなぜそのように考えたり行動したりするのか、それを根気よく思考し、普遍的な倫理性に照らして判断・対応できる頭と心の力をつけていく――それがほんとうの意味で視野を広げることになるのではないでしょうか。それこそは国際社会人の条件となりましょう。

本書で取り上げる九人の思想家たちは、いずれも自分の文化的枠組みにとらわれることなく、視野を広く保つことのできる人々です。彼らは知識に裏付けられた洞察力を活かしつつ共感をもって異文化を理解し、同時に自分の文化を客観化します。章立ては生年順なので、章のとおりに読み進めば、各人の思想や生き方を時代のコンテクストに位置づけることができます。一方、章扉には短い紹介文がついているので、まずはそれらを一読し、順不同、そのときどきの興味に応じて読んでいくのもおもしろいかもしれません。ここでは章ごとの紹介文を補足する意味で、「国際社会人」との関連を意識しながらごく簡単にポイントを記しておくことにします。

イギリス生まれのE・H・カーは、歴史家の研ぎ澄まされた「方向感覚」に従い、「自己意識」の発展という観点からソヴェト・ロシア史を描こうとしました。歴史とは「現在と過去との間の尽きることを知らぬ対話」であると述べた彼はときに批判に晒され、冷遇されながらも独自の道を歩みます。国際関係を考える上で今や必読となっている書籍の数々は、既存の枠組みを疑うことによって結実しました（第一章）。

批判や非難を恐れずに真理を探求した点は、哲学者・思想家ハンナ・アーレントとも共振するでしょう。全体主義と反ユダヤ主義の分析や、アイヒマン裁判の報告は、起源へと遡行しながら同時に未来へ向けた力強い「メッセージ」にもなっています（第二章）。

メキシコ生まれの詩人オクタビオ・パスもまた、自国と他国、自己と他者のあいだを往還し続けながら、両者に豊かさをもたらしました。対立しているように見える二者を一つに含み込もうとする彼の詩論は、異文化理解への大きなヒントとなるはずです（第三章）。

つまるところ、ほんとうの異文化コミュニケーションとは決して一方的なものではなく、双方向的で創造的な影響関係を生み出すものです。フランスの文化人類学者ジャン・ルーシュの映画は、そのことをもっとも雄弁かつヴィヴィッドに教えてくれています（第四章）。

一方、カリブ海のフランス海外県マルティニック島出身の作家・思想家エドゥアール・グリッサンは、詩、小説、評論、演劇作品を旺盛に発表しながら、諸文化のつながり方や関係性を探求し続けました。グリッサンの「対概念」をパスの詩論と比べてみるのも一興かもしれません（第五章）。

山口昌男は過渡性、他所者性《よそもの》、構造的劣性の三つの局面に立ち現れる周縁性を、そのダイナミズムや豊穣さもろともに捉えようとしました。本論はその理論へ至る道筋を示しながら、最後まで「開かれた」越境者であり続けた山口昌男自身を、同じ三つの局面から解釈しようと試みます（第六章）。

ジャンル越境といえばアマルティア・センもまた優れた経済学者ですが、その思想には哲学や倫理学、政治学や社会学など、さまざまな学問が包摂されています。「共感」、「コミットメント」、「中立的な注視者」、「潜在能力（生き方の幅）」など、センが提起する諸概念が国際社会人を標榜する私たちの生とリアルにつながっていることを、本論で確認してみてください（第七章）。

寺山修司もさまざまなジャンルへと自在に越境し続けた表現者です。既存からの逸脱、つまりは「よそ者＝他者」であり続けることで、彼は海外でも認められる普遍性を獲得した、と本論は結論づけます。疾走する言葉を支えたポエジイの源泉に触れることで、ローカルを突き詰めたところに立ち現れる普遍性が再認識されるでしょう（第八章）。

最後は『想像の共同体』でナショナリズム研究の新境地を開拓し、二〇一五年に急逝したベネディクト・アンダーソンです。コスモポリタンな環境に恵まれ、だからこそ「周辺」(山口的に言えば「周縁」か)に位置することが多かった彼の思考の軌跡は、国境をはじめとするさまざまなボーダーの恣意性を露わにしてくれます(第九章)。

以上、九人の思想や思索に触れて新たな地平が拓けること、自他の理解を促す方法論が獲得されることを願ってやみません。

なお本書の刊行は『国際社会人叢書1　国境を越えるヒューマニズム』同様、国際文化情報学会からの支援を得て実現されました。この場を借りて感謝申し上げます。

(法政大学国際文化学部長)

注

(1)　法政大学国際文化学部ホームページより。

国際社会人叢書2

〈境界〉を生きる思想家たち◉目次

本書の装丁は、二〇〇六年まで法政大学国際文化学部で教鞭を執られた名誉教授の司修氏によるものです。

第1章

E・H・カー

(1892-1982)

「自己意識」の歴史学

南塚信吾

歴史学や国際政治学や国際関係論を学ぼうとする学生が必ずどこかの段階で、なんらかの形で、出会うのがイギリスの歴史家E・H・カーではないだろうか。カーは、『歴史とは何か』、『危機の二十年』、『ソヴェト・ロシア史』などで知られた歴史家である。かれの『歴史とは何か』は歴史とは「現在と過去との対話」であるという有名な言葉で知られるが、それは人間の「自己意識」の発展を基礎にすえた歴史論である。かれは、権力政治をどのようにリアルに認識し、それにどうすればブレーキがかかるのかを現代史の中に模索し、ソ連の存在に一定の期待をかけて、その体制を冷静に実証的に分析した。その際、かれはロシア革命とソ連の体制を人間の「自己意識」の発展という脈絡で位置づけようとした。かれの歴史論は、ポストモダンの「構築主義」的歴史論のさきがけではないかという観点からも、新たな注目を浴びている。

1　あゆみ

出会い

一九七四年四月十一日（木曜日）午後三時半。わたしはケンブリッジ大学のトリニティ・カレッジの受付で、E・H・カー（Edward Hallett Carr）が現れるのを待っていた。一九六九年以来、わたしはカーの本をいくつか翻訳していて、一九七一年ごろから、わからないところが出るたびにカーに手紙を書いて質問をしていたので、おりから一年半のハンガリー留学を終えてイギリス経由で帰国する機会を使って、カーに面会を申し込んでいたのだった。カーは快く申し込みを受けてくれたのである。カーは時間きっかりに降りてきた。まさにかくしゃくとした長身の学者であった。時にわたしは三十二歳、カーは八十二歳。カーは、トリニティ・カレッジの芝生の中庭を突っ切って歩いて行こうと言う。カーは、この芝生は誰でも歩いていいと言うのではないのだが、わたしと一緒なら大丈夫だと、いたずらっぽく耳打ちして芝生の中庭を斜めにどんどん歩いていった。わたしたちは、中庭の先のスタッフ用のカフェに席を取って、話をした。

初めにカーの『ソヴェト・ロシア史』の一、二冊を翻訳させてもらっていると言って、あらかじめ手紙に書いておいたいくつかの注に関する技術的な質問を繰り返したが、カーはもうよく覚えていないと答えて、「きみも完全な仕事をするのだな」と一笑されてしまった。その件を片付けてから、わたしは、研究者としては、ソ連のネップ期に関心があって、トロツキー派の経済理論家エフゲーニー・プレオブラジェンスキーの研究をしていると言うと、カーは、それは大変重要なテーマだと言って、どういう史料を使っているのかと尋ねたので、『エコノミーチェスキー・ザピスキー』などだと答えたのを覚えている。また、ある文脈で、「スターリンの理論によると」と言った時、「スターリンは理論家じゃないよ」と諭されたのも印象に残っている。カーは理論家というものを現実政治家としっかりと区別していたわけである。それから、日本のソ連史研究の実態について質問されて、カーの影響が渓内謙[1]さんを通じて浸透してきていると話すと、カーは「ケン・タニウチ教授はいまどこの大学にいるのか、そこは彼にとっていい大学なのか」と渓内さんのことをひどく心配して質問してきた。この時期、渓内さんは名古屋大学から東京大学に移られたばかりのときだったかと思う。このあとも手紙で連絡しあうことを約束してカーと別れたのだった。

帰国後に改めて疑問点を手紙で問い合わせたときも、「大きな本で注もたくさんあったので、誤りやミスプリは避けられない」ものだが、「それらを訂正できないということに、どっちかと言えば当惑している」という返事をもらった。ただ、そうはいってもカーはわたしが挙げた十か所ほどの疑問点の三、四つにはきわめて正確な回答を記してくれた。そして、タイプで書かれた手紙の終わりに手書きで「またイギリスに来たときには会えるといいですね」と書いてくれていた。この手紙の六年後に、彼は亡くなってしまったのである。

外務省臨時職員

一八九二年にロンドン郊外の「中産階級のまさに中流で、非常にヴィクトリア的[2]」な家に生まれたカーは、内気で孤独な子供だったが、成績がよく独特のユーモアを持っていたという。一九一一年にケンブリッジ大学のトリニティ・カレッジに進学した。そしてまもなく始まった第一次世界大戦のさなかに混乱した大学生活を送ることになったが、一九一六年に歴史部門で最優秀の成績を取って卒業した。

卒業後かれはすぐに外務省の「臨時職員」となった。ロシア部門、北欧部門で働き、その間に一九一七年のロシア革命に直面した。たちまち外務省第一のロシア通という評判を得た。かれは最初こそロシア革命に共感しなかったが、やがてそれが長続きするのを見て、その意味を理解しようとするようになった。ここからかれのロシアへの関心が始まった。一九一九年にはパリ講和会議にイギリス代表団の一員として参加したが、講和会議がドイツはもちろん、ロシアや東欧諸国を見下していることに憤慨した。

戦後、一九二四年にラトビアの首都リガへ一等書記官として赴任し、ここでロシア語を習い、ロシア文学の研究を始めた。まず関心を持ったのは、ドストエフスキーであった。一九二七年には初めてモスクワを訪れている。一九二九年に本省へ戻ったのち、外交官と文筆活動の二足のわらじを履いた。そして、一九三〇年に国際連盟に転出したあとの一九三一年に『ドストエフスキー』を出版した[3]。さらにミハイル・バクーニン（一八一四―七六年）やアレクサンドル・ゲルツェン（一八一二―七〇年）の研究を進め、一九三三年に『浪漫的亡命者たち[4]』を出版した。その翌年にはロシア研究の傍らこれまで調べたことをもとに『マルクス――ファナティシズムの研究[5]』を出版したが、依然としてロシアにこだわり続けて、バクーニンの研究を進め、一九三七年末に『バクーニン』[6]を出版することになる。

国際関係への眼

この間、一九三六年にカーは外務省を辞め、ウエールズ大学の国際政治学の教授に就任し、以後歴史家のルイス・ネイミア（一八八八―一九六〇年）やアーノルド・トインビー（一八八九―一九七五年）らと交わりつつ、国際関係の研究に専念することになる。一九三七年には『ヴェルサイユ講和条約以後の国際関係[7]』を出版し、この講和は「征服された人々に対して勝利者が一方的に負わせたものであり、公平な条件の下で相互が妥協するプロセスを経て取決められたものではない[8]」とこれを批判した。ついで一九三九年には『危機の二十年　一九一九―一九三九年[9]』を出版して、当時のリベラルや社会主義者によるユートピア的な国際関係の見方にたいして、リアリストの観点から批判を加えた[10]。ユートピア的な国際連盟は一九三一年の日本による満州侵略によって崩されてしまったではないかという。しかし、カーはリアリストにも限界があるという。「一貫したリアリズムとは、全歴史過程の容認を意味し、この過程に対する道義的判断を拒否するものである」。だから、リアリズムは「行為の源泉」たるものをわれわれに与えてくれない。したがって、カーの結論は、「およそ健全な政治思想は、ユートピアとリアリティとの両者を要素としてその上に立てられなければならない」ということであった[11]。それは道義と権力の双方を考慮に入れた国際関係の見方を求めるものであった。だが、この時期、カーは、スターリンの粛清の始まったソ連よりも、ヴェルサイユの犠牲になったナチス・ドイツに同情的だったという[12]。

かれはヒトラーとの「宥和路線」を支持していた[13]。カーは一九三七年五月にソ連を訪問したが、幻滅と憎悪感と敵意さえ抱いて帰国したという[14]。

一九三九年九月にヒトラーのポーランド侵攻によって第二次世界大戦がはじまると、カーの「宥和路線」は破綻した。かれのヒトラー観は変化していった。一九四〇年にはカーはウエールズ大学を辞めて、『ザ・タイムズ』の編集部に就職し、論説を執筆するようになった。一九四一年六月の独ソ戦開戦ののち、カーはロシアについての考えを変化させ始めた。それまで一九三〇年代の「粛清」などに気を取られていたが、ロシア革命が何を残したのかを見てこなかったという反省をするようになった[15]。その成果の一つが一九四二年に出た『平和の条件[16]』であった。その中で、カーは資本主義経済への批判としての経済の計画化の意味を説き、それがソ連の計画経済に現れていることを重視した。ソ連の力量の評価は、当時のイギリス外交への批判にもつながっていて、かれはイギリスがソ連との連携を求めてこなかったことなどを、厳しく批判した[17]。このような外交政策批判を展開したカーは、次第に孤立するようになった。

その間にかれは、一九四五年に小著『ナショナリズムの発展[18]』を発表して、ナショナリズムを歴史的に整理してその限界を指摘し、ヨーロッパについて国民国家と国際連盟の普遍主義との「中間的な単位」（EUのような単位）の創出を予言していた。

ちなみに筆者が大学生として国際関係論を勉強していたとき、この時期のカーの諸著作を赤線を引いて読んでいたものである。

ソヴェト・ロシア史へ

第二次世界大戦でソ連が見せた耐久力と底力は、ロシア革命後のソ連の新しい経済、つまり計画経済にあるように思われ、カーはその歴史的分析が必要だと考えた。この問題意識は一九四六年に出た『西欧を衝くソ連』[19]に示されていたが、ロシア革命後のソ連の本格的な歴史研究のため、かれは、レーニンを読みトロツキーの著作に近づいた。当時ソ連行きが認められなかったので、国内のさまざまな図書館や資料館で史料を探し回った。しかし、「次第にカーの境遇は、国内追放のようなものになっていった。体制側からは受け入れられず、安定した収入は絶たれ、生活は全て彼のペン一本にかかっていた[20]」。

このような状況の中で、一九四七年に入って、カーは、ポーランド出身のユダヤ系のマルクス主義者アイザック・ドイッチャー[21]と親交を深めることになった。カーはマルクス主義者ではなく冷徹なリアリストであったが、ドイッチャーから多くを学ぶことになった。一九四八年には、カーはアメリカ合衆国を数か月間訪問し、フーバー研究所で貴重な史料を発見することができた。

一九五〇年、ついに『ソヴェト・ロシア史』の第一シリーズ『ボリシェヴィキ革命　一九一七—一九二三年』の第一巻が出版された。これは、革命の政治的側面を扱っていて、ロシア革命をボリシェヴィキの「陰謀」ではなく自然発生的なものとする見解を提示していた[22]。一九五二年には『ボリシェヴィキ革命　一九一七—一九二三年』の第二巻が出た。こちらは革命の経済的側面を扱い、当時の経済政策がなんらかの教義によるのではなく、「当時の特殊な諸条件」に左右されたものだと論じた。この一九五〇年末にカーは二度目のアメリカ旅行に出かけた。講演と第三巻用の史料収集のためだった。そして一九五三年には『ボリシェヴィキ革命　一九一七―一九二三年』の第三巻を出版して、革命の国際関係を論じた。この三巻で一九二三年ごろまでのソ連史をまとめたのである[23]。

全体としてこの時期のカーの仕事は、当時の冷戦期における西側でのイデオロギーを批判し、ソ連を現実的に位置づけることを主張するものとなっていた。それは、当時においては親ソ派とみなされる立場であった。そのために彼はますます大学での職を得ることが難しくなったが、かろうじて一九五三年にオックスフォードのベリオール・カレッジに職を得ることができた[24]。ここでカーは冷遇されていたようだが、一九五四年には『ソヴェト・ロシア史』の第二シリーズ『空位時代[25]』を出版した。これは一九二三―二四年頃のレーニンが死ぬ前後の時期を扱った政治史であった。

だが、ここまでに出版された『ソヴェト・ロシア史』全四巻に対してドイッチャーが書いた書評に、カーは衝撃を受ける。「カー氏は優れて、制度や政策に関する歴史家である」。「彼が第一に関心を持つのは国家であって、決して、その背後にある国民や社会ではない。結局、彼の『ソヴィエト連邦史』(原文ママ)は、第一義的には、支配者集団の歴史だと言えるだろう[26]」。カーはこの批判に大いに刺激され、その後の歴史の構成に変更を加えていくことになった。

トリニティ・カレッジ

一九五四年、カーはついに母校のトリニティ・カレッジに戻ってきた。そこで『ソヴェト・ロシア史』の続編に全力を注ぐことができるようになった。一九五六年には史料を求めてアメリカへわたり、翌年に帰国した。帰国後、『ソヴェト・ロシア史』の第三のシリーズ『一国社会主義　一九二四―一九二六年』の第一巻が一九五八年に、同第二巻が一九五九年に出版された。この第一巻は経済を扱い、第二巻は政治過程を扱っていた。第一巻では、カーは一部をR・W・デイヴィス（一九二五年―）や渓内譲に依頼して執筆してもらった。これらでは、ドイッチャーの批判をくんで、農村と農業が重視されるようになった。

カーは、一九五八年ごろから「脳膜炎」を患って、体調の十分ではない日が続いていた(27)。一九五九年秋、カーはまた史料を求めてアメリカへ渡り、翌年夏に帰国した。この時コミンテルン関係の史料を渉猟したのである。この年の秋にはモスクワを訪問して、レーニン図書館などで史料を探すことができた。こうした史料を用いて、一九六三年に対外関係を扱う『一国社会主義　一九二四―一九二六年』第三巻が二部構成で出版された(28)。この『一国社会主義　一九二四―一九二六年』全三巻こそ、筆者が大学院時代に取り組んだ著作であった。

この間、一九六一年一―三月にカーはケンブリッジ大学のトレヴェリアン講演を引き受け、それは『歴史とはなにか(29)』と題して出版された。ここで、かれは『ソヴェト・ロシア史』での緻密な実証研究の間に考えてきた歴史の方法について、独自の観点を交えて、論争的に語ったのである。この書は日本の歴史学界にも大きな影響を与えたのであるが、この書については別に考えることにしよう。

一九六四―六五年にはまたアメリカへでかけて『ソヴェト・ロシア史』の第四のシリーズ『計画経済

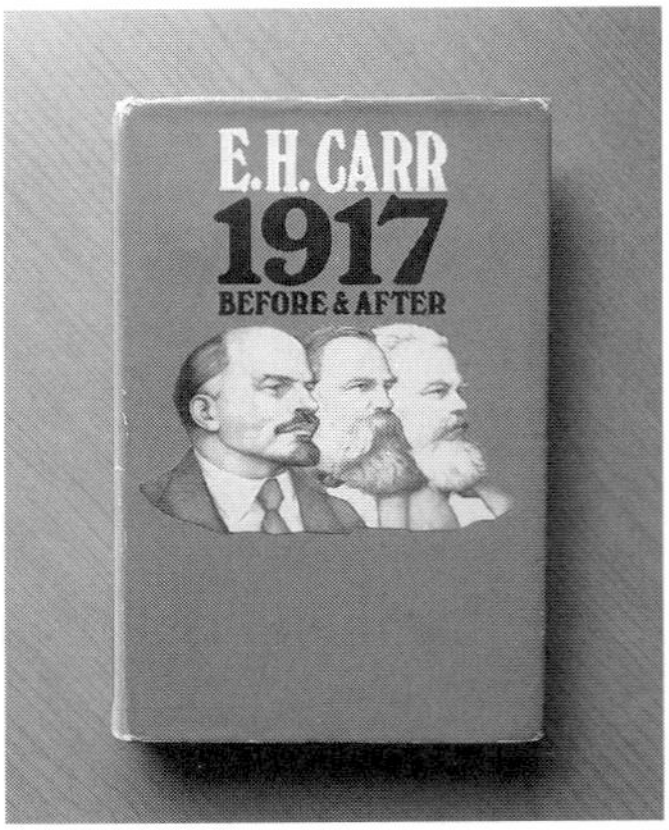

Ｅ・Ｈ・カー『1917年』原書（邦題は『ロシア革命の考察』）

Ｅ・Ｈ・カー『計画経済の基礎　1926-1929年』原書

の基礎』のための史料をフーバー研究所などで取集した。体調の不十分ななかでカーは執筆を進め、一九六九年にデイヴィスとの共著で『計画経済の基礎　一九二六―一九二九年』第一巻を二部構成で出版した。一九七一年には同第二巻を出版したが、その後はスムーズには進まなかった。結局、国際関係を扱った同第三巻（全三冊）は、亡きアイザック・ドイッチャーの夫人タマーラ・ドイッチャーの協力を得て、一九七六―七八年に出版された[30]。ここに、一九五〇年に第一巻が出てから二七年を経て、『ソヴェト・ロシア史』の大シリーズは完結したのである。

　筆者との関係で言えば、この間カーが一九六九年に出版したエッセイ集『一九一七年――その前後[31]』を同年に翻訳したのであり、筆者がカーにトリニティ・カレッジで面会したのはカーが第三巻を準備していた一九七四年のことだったのである。また、この一九七四年にはカーの生誕八十年を祝った記念論文集[32]が刊行され、アイザイア・バーリン（一九〇九―九七年）、R・W・デイヴィス、モシェ・レヴィン（一九二一―二〇一〇年）、モーリス・ドッブ（一九〇〇―七六年）らが寄稿していた。

大シリーズの完結のあと、カーは『ソヴェト・ロシア史』の縮小版を一九七九年に出版したりした[33]。最晩年、カーは、コミンテルン史に残りのエネルギーを注ぎこんだが[34]、ついに病に抗することができず、一九八二年十一月に死の床についた。

2　カーの歴史論

『歴史とは何か』

カーは、『歴史とは何か』のなかで、「歴史を事実の客観的編纂と考え、解釈にたいする事実の無条件的優越性を説く」理論も、「歴史とは、歴史上の事実を明らかにし、これを解釈の過程を通して征服する歴史家の心の主観的産物であると考える」理論も、ともに支持しがたいと言う。そして、「歴史とは歴史家と事実との間の相互作用の不断の過程であり、現在と過去との間の尽きることを知らぬ対話」なのだと述べている[35]。つまり、客観的事実を積み重ねていけば歴史になるのだという十九世紀以来の「事実信仰」の考え方を拒否するとともに、歴史とは結局は歴史家の主観的産物だという考えも否定して、歴史とは現在（つまり歴史家）と過去（つまり事実）との「対話」なのだというのである。

では、歴史家は「素手」で「対話」するのだろうか。カーは、過去の単なる出来事は歴史家が意味を与えてはじめて「歴史的事実」になるのだと言い、その際の「規準」は、その歴史家の「方向感覚」[36]だと言う。つまり歴史はどういう方向に向かっているのかという感覚である。この「方向感覚」こそ「事実と解釈との、過去と現在と未来との間の関係の客観性」という意味での「歴史における客観性」を与えるのだとする。[37] やや具体的に言えば、「社会と歴史とのうちに置かれた自分自身の状況から来る狭い見方を乗り越える能力……半ばは、いかに自分がこの状況に巻き込まれているかを認識する能力、謂わば、完全な客観性が不可能であることを認識する能力」と、「自分の見方を未来に投げ入れてみて、そこから、過去に対して――その目が自分の直接の状況によって完全に拘束されているような歴史家が到達し得るよりも――深さも永続性も優っている洞察を獲得する能力[38]」とを持つ歴史家が、客観性に近づくことができるというのである。

「事実信仰」も主観的歴史も否定したカーは、こういう「方向感覚」を武器に歴史はそれなりの科学なのだと主張したのだった。このようなカーの歴史論は、当時はもちろん保守的な実証主義から大きな批判を呼んだが、新たな歴史を求めていた人からは大きな反響をよんだ。歴史は何かを作ろうとする人々のために役立つのだとされたのだった。[39]

以上のようなカーの歴史の方法は、彼自身が築いたソヴェト・ロシア史像にいかに具体化しているのかを見ることによって、いっそう明らかになる。

『ソヴェト・ロシア史』の方法

歴史を「歴史家の心の主観的産物」と見ることを拒否するカーは、「歴史の外に、歴史から独立に、ある価値の絶対的規準を設けて、それで歴史上の諸事件を審こうという試み」を「非歴史的」として退けた[40]。これは、イデオロギーとしてのマルクス主義に対しても反共産主義に対しても向けられている。歴史における判断の規準は、「普遍的妥当性を要求するような原理」ではなく、「最も役に立つもの[41]」なのである。

その「最も役に立つもの」を判断する規準となるべき彼の「方向感覚」の最も基本的なものは「自己意識の発展」である。カーによれば、歴史は十八・十九世紀には「社会における人間の行動を支配する客観的法則を理解する」ことが理性の第一の機能であるとみなしていて、マルクスは、資本主義の運動の客観的な諸法則を解明したのだった。だが、二十世紀には、「社会と、これを構成する諸個人とを意識的行為によって作り変える」ことが理性の第一の機能となった[42]。マルクスとレーニンの相違や、フランス革命および一八四八年の諸革命とロシア革命との違いは、この発展に対応したものである。「レーニン主義とは、もはや客観的かつ冷酷な経済法則の支配する時代ではなく、望ましい諸目的を達成するために経済的・社会的諸過程を意識的に指揮する時代のマルクス主義なのである」。したがって、「マルクス主義のレーニン的解釈は、効力というものを、もはや多数の諸個人の自然発生的な行動の産物としてではなく、意識的な政治的計画の産物として考える時代に属するものであった」。「ロシア革命に現代史上のユニークな位置を与えるのは、まさにこの自己意識の要素なのである[43]」。だから、レーニンの率いたロシア革命は自己意識をもったエリート、つまり党の革命だったのである。ロシア革命はこのように説明される。

カーはこのように「自己意識」の発展という観点からソヴェト・ロシア史を見たわけであるが、その結果、三つの点が強調されることになった。第一に、ソ連における計画経済や、共産党の指導性などを、一九世紀的な「自由経済」とか「民主主義」とかという言葉をそれに対置して非難するのではなく、生産の社会化の新しい発展段階での「意識性」の発展の具体的な表れとして積極的に評価する。そして、西ヨーロッパ資本主義諸国の発展も、実際にはこの方向にあるのであるというのであった。

このようなカーのソヴェト・ロシア史像は、当時の欧米のソ連研究者のなかではユニークなものであった。当時の欧米の反共的ソ連研究者たちが、ソヴェト・ロシア史をグロテスクな偶然として描き、歴史を裏返そうとするなかで、かれは、歴史的事実の重みをあくまで尊重する態度を一貫させていたのである。

第二に、「意識性」を重視するところからくるカーのソヴェト・ロシア史像のもう一つの特徴は、政治および政治的エリートの重視である。ロシア革命についても、その後のソヴェト社会の建設についても、経済的・社会的諸条件に基づく「必然性」ではなく、そういう諸条件を意識して歴史過程を指揮すること、つまり政治のほうに、かれの視点が据えられる。したがって、社会や人民大衆の動きよりも、「意識性」にすぐれた政治的エリート（知識人）が重要であり、このため彼の歴史は根本的には、ドイッチャーがかつて指摘したように、「支配グループ」の歴史となっている。実際、彼自身、ロシア革命を「知識人の革命[44]」と名付けていたのであった。

カーは、トロツキーやニコライ・ブハーリン（一八八八―一九三八年）らの反対派の意味を軽視はしないが、全体として、「何かを成し遂げた人々」を問題にし、「歴史的に起こったかもしれないことの持つ誘惑[45]」に屈することはなかった。レーニンが現実政治と革命的諸原理のあいだである程度のバランスをとっていたとすれば、スターリン以後の指導者は、現実政治に徹したのだ。新しい諸条件に適応しつつソヴェト・ロシアを建設していかねばならないとすれば、これはやむを得ないことであったと、カーは考えたのである[46]。

あまりにも西ヨーロッパ的

総じて、カーの歴史論とソヴェト・ロシア史は、その問題意識や方法において、きわめて西ヨーロッパ的である。すなわち、彼のソヴェト・ロシア史における問題意識は、資本主義経済とブルジョア民主主義が行き詰まりを見せた西ヨーロッパに対するソヴェトの衝撃であり、そこから西ヨーロッパの未来の針路を求めることであり、「意識性」という「方向感覚」も、主として西ヨーロッパ的である。このことは、それ自体としては、むしろ健全なことであろう。カー自身も、歴史家はその「歴史的および社会的環境」に規定されることを認めているのだから。

しかし実は、問題はそれだけにとどまらないのである。もし、カーのように知力に優れた歴史家をもってしてもその西ヨーロッパ的限界を乗り越えられないとするならば、歴史の「普遍性」はどこに求めるべきであろうか。かれは、歴史家に「自分自身の状況から来る狭い見方を乗り越える能力」を要求する。だが、その能力とは、「完全な客観性が不可能であることを認識する能力に依存するところの能力」であるという。この指摘は歴史家の視野の限界性にたいする自省の言葉ではあっても、積極的内容は含まれていない。「狭い見方を乗り越え」てどこへ行くというのであろうか。

やはりここでは、人類のいかなる部分の立場から歴史を見るかということが、歴史の「普遍性」を左右するように思われる。たしかにマルクスによる資本主義の運動の客観的諸法則の解明以来、人間の歴史過程への「意識性」の発展は進みつつある。しかし、それにもかかわらず、なお人間の認識能力には限界があるという観点に立てば、一歩でも歴史の普遍性に接近するためには、全人類の中で最も抑圧された人々の立場を基軸とする歴史の構築を試みざるを得ないように思われる。この「抑圧」というのは決して経済的な意味のみにおいてではなく、政治的・社会的・文化的な意味など時代に応じて変化するだろうが。だが、これはカーがあえて採用しなかった観点なのかもしれない。

その後

カーは、ソ連の崩壊を見ることなく、この世を去った。カーが与えた歴史的展望の中に、この崩壊を位置づけることは可能なのであろうか。

それは、出来上がったソ連という体制についてのカーの見方に関係している。すなわちスターリン体制の問題である。カーによれば、レーニンとスターリンのあいだには、微妙だが大きな違いがあった。「レーニンは、説得とか教化というものは、それを受ける人々の心に合理的な確信を植えつけようとするものであるという意味において、それを合理的な過程とみなした。スターリンは、それが合理的なエリートによって計画されそして行われるという意味においてのみ、それを合理的な過程とみなした。その目的は、多数の人々を一定の望ましい行動に向けて誘導することであった。この目的をいかに達成するかということは、合理的な研究の対象となるところの技術的な問題であった。しかし、この目的を達成するさいに用いるべき最も有効な方法は、必ずしも、つねに、またはしばしば、理性にかなうものではなかった」[47]。このような方法によってソ連の体制は作り上げられてきたのだという。

だが、カーは、これはソ連だけに特有の事ではなく、また、何らかの政治形態に特有のものでもなかったという。合理的なエリートが多数の人々を一定の望ましい行動に向けて誘導するために計画しそれを実行するという意味における合理的な政治支配は、自由主義の世界でも行われている。ソ連とは違う形だが、西ヨーロッパでも、商業広告やマス・コミュニケーションや職業的広報コンサルタントなどの動きは、大衆デモクラシーと切り離しがたいものとなっている。この意味では、「西ヨーロッパ世界の自由主義的デモクラシーから大衆デモクラシーへの移行は、ロシア革命の経験を反映してきているのである」という。だから、「自己意識」の発展の結果、「今日、世界のどの部分においても、民主主義の将来は、不安な問題である」[48]という状態になっている。

このカーの論理を発展させて行くと、まさにその「自己意識性」がソ連の体制を崩壊させたと言うべきではなかろうか。ソ連の内部からの体制批判の言説に加えて、西側からの「市民社会論」を喧伝する「情報」戦争に対して、ソ連圏は無策のゆえに崩壊したと言ってもよい。彼が重視した計画経済も共産党の指導性も新たな「自己意識」に否定された。この意味では、カーの歴史を見る「方向感覚」は皮肉なことに正しかったのである。

一九八〇年代いっぱいまで、かれの歴史論は広く受け入れられていた。政治史や経済史を批判して出てきた「社会史」と言われる歴史のジャンルも、カーの歴史論を前提にしていた。しかし一九九〇年代には、人間社会において「言語」が現実を作り上げるという考えが広がり、歴史における「言説」や「テクスト」の重要性が強調されるようになると、歴史は危機に陥った。それまでの歴史は基本的には「言語」や「言説」や「テクスト」は現実を映し出すものと考えてきたからである。しかし今や、歴史家の書くことは歴史家自身の「構築」物であり、過去の現実の真の客観的な表現ではないのだということになった。こういう考えは「構築主義」と呼ばれる。そうして歴史は誰でも書く（構築する）ことのできるものとされた。これによって、歴史の戦線は広がったが、同時に歴史の細分化も進んだ。一九九〇年代にはこのような歴史の危機が進んだのだった。二十一世紀に入ると、人びとの日常生活の中の諸文化に注目した「カルチュラル・スタディーズ」など新しい歴史のジャンルが登場してきた。これは扱う対象を地球的規模で拡大したが、方法的には新しいものではなく、いまやそれも乗り越えられようとしている。

このような歴史学の動きはカーの歴史論とどのような関係にあるのだろうか。カーは歴史上の出来事は歴史家の主体的な眼を通して初めて「歴史的事実」になると問いたのだから、こうした動きの先駆けであったとも考えられる。カーは歴史を読むにはまずその歴史家を研究せよ言っていたのである。しかし、カーは、同時に、歴史は「科学」であると主張していた。史実や論理性や背後にある諸理論や「方向感覚」の力でそれは保障されているというのだった。その意味で、「構築主義」以後の動きとは一線を画している。それでも、カーがいなかったらこのような今日の歴史学の状況はなかったのかもしれない[49]。

■注

（1） 渓内謙（一九二三―二〇〇四年）はソヴェト・ロシア史の専門家で、代表作は『スターリン政治体制の成立』全四巻、岩波書店、一九七〇―八六年。

（2） Jonathan Haslam, *The Vices of Integrity: E. H. Carr, 1892-1982*, Verso, 1999（ジョナサン・ハスラム『誠実という悪徳――E・H・カー　一八九二―一九八二』角田史幸・川口良・中島理暁訳、現代思潮新社、二〇〇七年）。邦訳、一二頁。

（3） E. H. Carr, *Dostoevsky（1821-1881）: A New Biography*, G. Allen & Unwin, 1931（E・H・カー『ドストエフスキー』中橋一夫・松村達雄訳、社会思想研究会出版部、一九五二年、のち筑摩叢書、一九六八年、復刊一九八五年）。

（4） E. H. Carr, *The Romantic Exiles: A Nineteenthcentury Portrait Gallery*, Beacon Press, 1933（E・H・カー『浪漫的亡命者たち』酒井只男訳、筑摩書房、一九五三年、のち筑摩叢書、一九七〇年、復刊一九八五年）。

（5） E. H. Carr, *Karl Marx: A Study in Fanaticism*, Dent, 1934（E・H・カー『カール・マルクス』石上良平訳、未來社、一九五六年、新装改版、一九九八年）。

（6） E. H. Carr, *Michael Bakunin*, Macmillan, 1937（E・H・カー『バクーニン』全二冊、大沢正道訳、現代思潮社、一九六五年、新版一九七〇年）。

（7） E. H. Carr, *International Relations since the Peace Treaties*, Macmillan, 1937.

（8） ハスラム『誠実という悪徳』、九六頁。

（9） E. H. Carr, *The Twenty Years' Crisis, 1919-1939: An Introduction to the Study of International Relations*, Macmillan,

1939, 2nd ed., 1946（E・H・カー『危機の二十年――国際関係研究序説』井上茂訳、岩波書店、一九五二年、復刊一九九二年、のち岩波文庫、一九九六年／E・H・カー『危機の二十年――理想と現実』原彬久訳、岩波文庫、二〇一一年）。

(10) ハスラム『誠実という悪徳』、一〇七頁。

(11) カー『危機の二十年』、一二〇、一二三、一二五頁。

(12) ハスラム『誠実という悪徳』、一一四頁。

(13) この時期のカーのイギリス外交論は、E. H. Carr, *Britain: A Study of Foreign Policy from the Versailles Treaty to the Outbreak of War*, Longmans, 1939（E・H・カー『イギリス最近の外交政策』原田禎正訳、生活社、一九四一年）を参照。

(14) ハスラム『誠実という悪徳』、一一六頁。

(15) 同上、一四一頁。

(16) E. H. Carr, *Conditions of Peace*, Macmillan, 1942（E・H・カー『平和の条件』田中幸利訳、研進社、一九四六年／エドワード・ハレット・カ『平和の条件――安全保障問題の理論と実際』高橋甫訳、建民社、一九五四年）。

(17) ハスラム『誠実という悪徳』、一六八―一六九頁。

(18) E. H. Carr, *Nationalism and After*, Macmillan, 1945（E・H・カー『ナショナリズムの発展』大窪愿二訳、みすず書房、一九五二年、新版二〇〇六年）。

(19) E. H. Carr, *The Soviet Impact on the Western World*, Macmillan, 1946（E・H・カー『西欧を衝くソ連』喜多村浩訳、社会思想研究会出版部、一九五一年）。

(20) ハスラム『誠実という悪徳』、一九九頁。この時期にカーはE. H. Carr, *International Relations between the Two World Wars: 1919-1939*, Macmillan, 1947（E・H・カー『両大戦間における国際関係史』衛藤瀋吉・斉藤孝訳、弘文堂、一九五九年、のち清水弘文堂、一九八三年）やE. H. Carr, *Studies in Revolution*, Macmillan, 1950（E・H・カー『革命の研究』音田正巳訳、社会思想研究会出版部、一九五二年）という小著を出版している。

(21) アイザック・ドイッチャー（Isaac Deutscher）（一九〇七―六七年）は、トロツキー三部作で知られる。*The Prophet Armed: Trotsky, 1879-1921*, Oxford University Press, 1954; *The Prophet Unarmed: Trotsky, 1921-1929*, Oxford University Press, 1959; *The Prophet Outcast: Trotsky, 1929-1940*, Oxford University Press, 1963. いずれも一九六四年に新潮社から邦訳が出ている。

(22) ハスラム『誠実という悪徳』、二〇七頁。

(23) E. H. Carr, *A History of Soviet Russia: The Bolshevik Revolution, 1917-1923*, 3 vols., Macmillan, 1950-53（E・H・カー『ボリシェヴィキ革命――ソヴェト・ロシア史一九一七―一九二三』全三巻、原田三郎・宇高基輔訳、みすず書房、一九六七年）。この間、一九五一年にはE. H. Carr, *German-Soviet Relations between the Two World*

Wars: 1919-1939, The Johns Hopkins Press, 1951（E・H・カー『独ソ関係史――世界革命とファシズム』富永幸生訳、サイマル出版会、一九七二年）と *The New Society*, Macmillan, 1951（E・H・カー『新しい社会』清水幾太郎訳、岩波書店、一九五三年、改版一九六三年、復刊一九九六年）という小著を出版している。

（24）ハスラム『誠実という悪徳』、二二七、二四二頁。

（25）E. H. Carr, *A History of Soviet Russia: The Interregnum, 1923-1924*, Macmillan, 1954.

（26）ハスラム『誠実という悪徳』、二五〇頁。

（27）同上、二七〇頁。

（28）E. H. Carr, *A History of Soviet Russia: Socialism in One Country, 1924-1926*, 3 vols., 4pt., Macmillan, 1958-64（第一・二巻のみ、E・H・カー『一国社会主義――ソヴェト・ロシア史　一九二四―一九二六』全二巻、南塚信吾訳、みすず書房、一九七四年、新装版一九九九年）。

（29）E. H. Carr, *What is History?* Macmillan, 1961, 2nd ed. 1986（E・H・カー『歴史とは何か』清水幾太郎訳、岩波書店、一九六二年）。

（30）E. H. Carr, *A History of Soviet Russia: Foundations of a Planned Economy: 1926-1929*, 3 vols., Macmillan, 1969-78. vol. 2の二冊はR・W・デイヴィスと共著。

（31）E. H. Carr, *1917: Before and After*, Macmillan, 1969（E・H・カー『ロシア革命の考察』南塚信吾訳、みすず書房、一九六九年、新装版一九九〇年）。

（32）C. Abramsky ed., *Essays in Honour of E. H. Carr*, Archon Books, 1974.

（33）E. H. Carr, *The Russian Revolution: from Lenin to Stalin (1917-1929)*, Macmillan, 1979（E・H・カー『ロシア革命――レーニンからスターリンへ　一九一七―一九二九年』塩川伸明訳、岩波書店、一九七九年、のち岩波現代文庫、二〇〇〇年）。他に E. H. Carr, *From Napoleon to Stalin and Other Essays*, Macmillan, 1980（E・H・カー『ナポレオンからスターリンへ――現代史エッセイ集』鈴木博信訳、岩波書店、一九八四年）もあった。

（34）E. H. Carr, *The Twilight of Comintern 1930-1935*, Macmillan, 1982（E・H・カー『コミンテルンの黄昏――一九三〇―一九三五年』内田健二訳、岩波書店、一九八六年）と E. H. Carr, *The Comintern and the Spanish Civil War*, Macmillan, 1984（E・H・カー『コミンテルンとスペイン内戦』富田武訳、岩波書店、一九八五年、新装版二〇一〇年）。

（35）『歴史とは何か』、三八―四〇頁。

（36）同上、一八一頁。

（37）同上、一七八頁。

（38）同上、一八三頁。

（39）Richard J. Evans, "Prologue: What is History Now?", in David Cannadine ed., *What is History Now?*, Palgrave Macmillan, 2002, pp. 6-7.

(40) 『歴史とは何か』、一七八頁。

(41) 同上、一九〇頁。

(42) 同上、二〇六頁。

(43) 『ロシア革命の考察』、一七、一八、三〇頁。

(44) 同上、一七頁。

(45) 同上、二三二頁。

(46) 同上、一四六、二四六頁。

(47) 同上、三九—四〇頁。

(48) 同上、四〇—四一頁。

(49) Evans, op. cit., 13-15. また Keith Jenkins, *On "What is History?"*, Routledge, 1995も参照。

■推薦図書

ジョナサン・ハスラム『誠実という悪徳——E・H・カー 一八九二—一九八二』角田史幸・川口良・中島理暁訳、現代思潮新社、二〇〇七年

カーの評伝として最も優れたもので、たんに経歴だけではなく、カーの方法や理論と、それへの批判も広く取り上げている。

E・H・カー『歴史とは何か』清水幾太郎訳、岩波新書、一九六二年

カーの最も重要な仕事の一つ。コンパクトだが、内容に富んでいる。今日でもなお意義を持つ。

E・H・カー『ロシア革命の考察』南塚信吾訳、みすず書房、一九六九年、新装版一九九〇年

カーの歴史観やソヴェト・ロシア史像が最もコンパクトに論じられている。

E・H・カー『ロシア革命——レーニンからスターリンへ 一九一七—一九二九年』塩川伸明訳、岩波書店、一九七九年、のち岩波現代文庫、二〇〇〇年

カーの大著『ソヴェト・ロシア史』をコンパクトにしたもの。

第2章

ハンナ・アーレント

(1906-1975)

20世紀の暴力を「思考」した女《ひと》

田島樹里奈

アーレントが生きた20世紀は、まさに「暴力の世紀」だった。彼女は、二つの世界大戦とナチズムの下で、「ユダヤ人」として苦難の人生を歩んだ思想家である。学生時代には、世界的に有名な哲学者カール・ヤスパースやマルティン・ハイデガーらに師事し、哲学的才能を開花させた。引っ込み思案ながらも芯のあった彼女には、独特な魅力と輝きがあったという。

1933年にヒトラーが政権を掌握すると、アーレントも亡命を強いられた。20代後半だった彼女は、それから18年間「無国籍民」として生きることになる。その間ドイツでは、数百万人ものユダヤ人たちが合法的に虐殺された。人間の道徳性はどこへいってしまったのか？　さまざまな問いが彼女の中で渦巻いた。

アイヒマン裁判に関するアーレントの著作は、「悪の凡庸さ」という言葉だけが一人歩きし、出版と同時に激しい論争に巻き込まれた。同じユダヤ人たちからも厳しい批判と非難を浴び、親しい友人も失った。それでも彼女は「真実」を伝えるために苦悩と闘った。

彼女は晩年に、「われわれには世界を変え、その中で新しいことを始める自由がある」と述べていた。きっとこの言葉は、「世界を変える」必要性を感じない人からは出てこない。彼女は生涯、哲学的思考の重要性と批判的思考の尊さを学生に伝え続けた。

1　ハンナ・アーレントを取り巻く時代と人々

ハンナ・アーレント（Hannah Arendt）の死後、四十年が過ぎた今日、彼女の思想はますます注目されてきている。[1] 映画『ハンナ・アーレント』は、日本では二〇一三年に岩波ホールで初上映された。この手の映画には珍しく近年まれに見るほどの観客動員数を記録し、一躍話題になった。映画では、アイヒマン裁判を巡る問題で世界中から誹謗中傷をうけたアーレントが、果敢に自分の思想と信念を貫き通そうとする姿が描き出されていた。とりわけ重要なのは、アーレントの主張が、今を生きる私たちにとっても実に身近な問題であって、特別な問題ではないということだ。この映画は、日々さまざまな組織の中で安穏と暮らす私たち一人一人に警告を発している。

映画は、アーレントがアメリカに亡命してから二十年近く経った、一九六〇年代初頭から描き出されている。そのため、それ以前の五十年近い彼女の人生や、思想的な背景については触れられていない。そこで本稿では、映画では描かれていない、アーレントの生涯とその思想を少しばかり辿ることにしよう。

アーレントは、一九〇六年にドイツのハノーファー郊外にあるユダヤ人の家庭に生まれた。ベルリンの西側に位置するハノーファー市は、第二次世界大戦中に八十回以上もの空襲を受け、町の三分の二が焼かれた。現在は、ニーダーザクセン州の州都で、一九八三年以来、広島市の姉妹都市でもある。

彼女の両親は、比較的高い教育を受けた人物だった。父パウルは、アルベルティーナ大学（現在ケーニヒスベルク大学）で工学の学位を取得していたし、母マルタは、家庭で教育を受けた後、パリへ三年間留学をしていた。パウルの通った大学は、ドイツ観念論の祖イマヌエル・カント（一七二四—一八〇四年）が学位を取得し、一七七〇年以降、引退するまで教鞭をとっていた大学である。そんな縁もあってかアーレントは十代の頃からカントの哲学書に没頭し、晩年にはカント哲学の講義を行っている。

アーレントが二歳のとき、父の病態が悪化したため、一家はケーニヒスベルク（現在ロシア領カリーニングラード）へ引っ越した。ケーニヒスベルクは、二十世紀初頭からロシア系ユダヤ人が多く住んでおり、ベルリンに次いで十八世紀のドイツ–ユダヤ系啓蒙運動の中心となっていた土地だ。父パウルは、アーレントが七歳のときに他界したものの、彼女は母の深い愛情に見守られながら、傷つけられる事なく育ったという。そのため少女時代に出会った反ユダヤ主義に対しても、アーレントはほとんど関心を示さなかったようだ。かつてアーレントは、あるインタビューの中で、多くのユダヤ人の子供たちが反ユダヤ主義の攻撃にあい、心が蝕まれてしまう中で、自分自身はそうした境遇に屈することなく強くあり続けたこ

1941年のハンナ・アーレント（copyright estate of Fred Stein, www.fredstein.com）

とを回想している。「私が〔他の子供たちと〕違っていたのは、自分を卑下してはいけないと母がいつも強い調子で言っていたという点です。人は自分で身を守らなければなりません！」アーレントの母の教えは、すべての子供たち、そして私たちも心得なければならない教訓である。傷つきやすく、繊細な心をもっていた幼少期のアーレントは、母の教えを素直に受けとめ、独立心と自己主張する強さをもつ少女へと育っていった。

彼女の幼少期を支えたものが、母の愛情であるならば、彼女の青年期を支えたものは、各大学で出会った錚々《そうそう》たる哲学者たちである。アーレントは、一九二四年マールブルク大学ではマルティン・ハイデガー（一八八九―一九七六年）、翌年フライブルク大学ではエドムント・フッサール（一八五九―一九三八年）、そしてハイデルベルク大学ではカール・ヤスパース（一八八三―一九六九年）の講義を受けている。哲学史のなかで重要な役割を果たしたこの三名の哲学者たちは、学生時代の彼女に大きな影響を与えた。そこでまず、彼女がどのような時代のなかでどのような哲学者の教えを受け哲学を学んでいたのかを知るために、ごく簡単な背景を見ておきたい。

まず重要なのは、当時の時代がもつ特異性である。二十世紀を「暴力の世紀」と特徴づけるならば、十九世紀後半は、自然科学の飛躍的な進歩・発展の時代と特徴づけることができるだろう。とくに最も大きな影響を与えたのは、ダーウィンの進化論である。進化論の「優れたものが劣ったものを支配する」という自然淘汰説が、植民地支配を正当化するための理論として利用されるようになったのだ。さらにこの理論は、のちに台頭するナチズムにおいても多いに活用された。拡大解釈された「科学的な根拠」を名目に、世界のさまざまな国は、強国になろうと、競うように先端技術を駆使して急速な工業化と産業化を遂げていく。

自然科学に注目が集まる一方で、厳密さを重視し、より根本的な問題に取り組む哲学者たちにとっては、こうした自然主義的な傾向が学問の基盤を揺がせているように思われた。そして哲学が没落してしまうのではないかと危惧の念を抱いた。こうした状況下で、フッサールは、学問の危機を克服しようと「現象学」という哲学を創始する。またヤスパースは、精神病理学の分野に初めて現象学を導入したのち、当時の機械化と大衆化が支配する社会状況を鑑みて、「実存哲学」を展開した。

さらにハイデガーは、フッサールから現象学を学んだのち、「存在とは何か」という、存在そのものの意味を厳密に問い直す必要性を訴え、「存在論」を展開した。二十世紀最大の哲学者とも言われるハイデガーは、カリスマ的な魔力によって多くの学生を魅了したと言われるが、アーレントもその例外ではなかった。彼女は、たちまち彼の講義と彼の圧倒的な魅力に惚れ込んだ。ハイデガーは、彼女にとって「思考の王国を統治する隠れた王」のような存在だった。またハイデガーも、アーレントのエキゾチックな風貌と知的ながらも開放的な性質に心惹かれたようだ。

一流の哲学者たちから哲学を学んだアーレントは、弱冠二十歳にして博士論文を提出する。それが、のちに出版される『アウグスティヌスの愛の概念』(一九二九年)である。アーレントは、アウグスティヌス(三五四―四三〇年)の愛の概念を辿る過程で、人間の「存在」についても思索を巡らせ、のちにその関心を生の問題へと広げていった。ジュリア・クリステヴァが指摘するように、若いアーレントが

哲学的思索の中心としていたのは「生そのもの」だったのである。(2)

アーレントの学生時代までを振り返ってみると、知的で早熟な彼女は、育ちも良く、聡明で、充実した青春時代を送っていたように見える。しかし、学生時代からの親友でユダヤ人哲学者のハンス・ヨナス（一九〇三—九三年）は、彼女の特別な美しさや多くの優れた才能を高く評価しながらも、彼女の独特な存在感のうちには「寂しい瞳」があったと述べている。実際に、若き日のアーレントの心の奥には、ある種の恐怖や不安が渦巻いていた。それは、幼い頃には表現することのなかった父を亡くした悲しみや、彼女がまだ十三歳だったときに経験した母の再婚による孤独感から来ている。いつも彼女を守っていた母が再婚したこと、そしてアーレントが馴染めなかった再婚相手の連れ子を母が可愛いがっていたことは、彼女の生活に混乱をもたらした。そして初めて自分の殻を打ち破り、心の底から愛した人となったハイデガーとの別れも、彼女の心に大きな傷を残した。なお、学生時代に出会ったヤスパースとハイデガーは、彼女に絶大な影響を及ぼし、生涯にわたって交流が続けられる。

ところで、哲学分野での出会いとは別に、ハイデルベルクでは、ユダヤ人アーレントにとって重要な出会いがあった。それは、シオニスト指導者クルト・ブルーメンフェルト（一八八四—一九六三年）との出会いだ。それまで哲学と神学に没頭してきた彼女は、政治や政治的理論にはほとんど関心がなかった。しかし彼との出会いによって、彼女は自分自身のユダヤ性を自覚し、社会的あるいは政治的な活動へと導かれるようになる。ブルーメンフェルトのユーモアある人柄や、知的センス、政治的な判断力の鋭さなど、アーレントは彼から多くを学んだ。

そして一九三三年以降、アーレントは、「ユダヤ人問題」に直面することになる。ヒトラーのドイツ政権掌握と「ユダヤ人絶滅計画」の遂行である。ナチス政権以降、ドイツの国内情勢は一変した。しばらくはアーレントも、ブルーメンフェルトに協力して、反ユダヤ人主義関連の資料を収集したり、ドイツからの亡命者を手助けする活動に参加したりしていた。しかし同年の秋には、彼女も自分自身の身の危険から母と共にパリへ亡命した。そして当時二十七歳だった彼女は、その他のユダヤ人と同様に国籍を奪われ、それから十八年ものあいだ「無国籍民」としての生活を強いられた。

「無国籍民」とは、言葉のとおり、国籍を持たない人々のことである。彼らは、「自国」を持たないために、いかなる法や政府からも保護されない状態にあった。自分の国を持たないということは、どこの国へ行っても身分を特定できない身元不明者として扱われ、不法滞在の状態になるという、極めて深刻な状況下に置かれることを意味する。のちにアーレントは、ユダヤ人たちの国籍を奪うことがナチズムにとってどのような意味で重要だったかを次のように述べている。第一に、無国籍にしておけば、彼らの運命がどうなったかを調べることができなくなる。第二に、国家に対して、無国籍となったユダヤ人たちの財産を没収する権利が生じる。要するに、もっとも効率よく証拠を隠滅し、奪えるだけの財産をすべて奪い没収するための円滑な法的措置だったのだ。

人間として最低限の生活を送ることすら困難なこの状況は、アーレントにとって自分が「生身の人間以外の何者でもない」ことを突きつけられることだった。『パーリアとしてのユダヤ人』のなかで、彼女は次のように述べている。「何をしようと、何のふりをしようとも、われわれが表わしているのは、変身したい、ユダヤ人でなくなりたいという不健全な願望以外の何ものでもない」。彼女の言葉は、国家、民族、宗教といったものが、人間の存在にとっていかなる意味を持つかという問題を私たちに投げかけている。

　第二次世界大戦が始まると、フランスがドイツに降伏（一九四〇年）したため、アーレントは再びフランスからアメリカへと亡命することになる。結局、彼女が次に国籍を得たのは、アメリカで十年間生活した後の一九五一年、四十五歳のときだった。アーレントは同年に『全体主義の起源』を出版し、これを機に、彼女の名前は世界に知れわたるようになった。それ以降、彼女は、『人間の条件』（一九五八年）、『過去と未来の間』（一九六一年）、『共和国の危機』（一九七二年）など、次々に出版を重ねていく。亡命後のアーレントは、生涯ニューヨークの大学で教鞭をとり、その地で生涯を終えることになった（一九七五年）。

2　「ユダヤ人」として生きること――大衆が生んだナチス政権と全体主義

　ここからは、少しずつアーレントの思想へと視野を広げたい。まず重要なのは、彼女のユダヤ性の問題と時代背景である。通常、哲学や思想の分野においては、テクスト内で書かれた思想と個人的・社会的現実問題とは、切り離して考えるべきだとされている。しかしアーレントは、時代と政治に翻弄され、その苦難を哲学的な視点で捉え直すことによって、何とか問題を解決しようと生きてきた。そのため、彼女の思想と時代、生き方、政治的問題は分かちがたく結びついている。

ここではまず、ユダヤ人とナチス政権について時代的な背景を取り上げながら、アーレントがどのようにユダヤ人問題に取り組んだかを見てみよう。また、次節では、映画の主題にもなった「アイヒマン裁判」を取り上げながら、彼女が「悪の凡庸さ」という言葉によって何を伝えようとしたのかを探る。最後の節では、アーレントがこうした政治的思想の営みを続けるなかで、人間にとってもっとも重要だと考えた「思考」と「判断力」について見てみたい。

さて、先述したとおり、アーレントが自らのユダヤ性を自覚し、ユダヤ人問題への意識を強めることになった背景には、ブルーメンフェルトとの出会いがあった。しかし、ユダヤ人問題に関して、彼女はすでにもう一人の重要な「親友」と出会っていた。アーレントよりも百年も前に生きたドイツ・ロマン派のラーエル・ファルンハーゲン（一七七一—一八三三年）という女性である。ラーエルは、ベルリンの裕福なユダヤ人家庭で生まれ育ったが、ユダヤ人の排斥が再燃するなか、「最大の恥辱」であるユダヤ性から逃れようと、必死にドイツ文化への同化を試みた「不幸なユダヤ人女性」であった。さまざまな絶望と苦痛を抱えながら生きたラーエルは、多くの書簡を残している。アーレントは、友人から譲り受けたラーエルの書簡を読むうちに、自分と同じような鋭敏さと傷つきやすさが表われていること、そして自分と非常によく似た経験をしていることに気がついた。その経験とは、叶わぬ恋が激しい苦痛と共に終わり、安らぎの感情が奪われる経験であった。そして強烈な苦しみは、あらゆるものの確信になり、知恵をもたらすという学びの経験であった。最終的にラーエルは、賤民《パーリア》としてのユダヤ人であることに誇りをもって亡くなるが、そんな彼女に親しみを覚えた若きアーレントは、百年前にこの世を去ったラーエルを「親友」と呼んだのだ。

よく知られているように、ユダヤ人迫害の問題には、紀元前にまで遡る古くて根深い歴史がある。彼らが三〇〇〇年近くも迫害され続けた背景には、ユダヤ人がイエス・キリストを迫害し、殺したと考えられていることがある。もちろんその後も、多くのユダヤ人たちが、社会的、政治的、経済的なさまざまな理由によって迫害され、「ポグロム」（ロシア語で「暴力的に破滅させる」という意味）のような虐殺も起こっている。それでも、ヒトラー率いるナチス政権下で生じたユダヤ人問題は、歴史上もっとも大規模な虐殺計画として特殊なものであった。しかもそれは、たんに規模の問題だけではない。ナチスの恐ろしさは、「ユダヤ人絶滅計画」を国家の法律に則って実行させたことにある。つまり、国家自体が法的に人種あるいは民族差別を制度化し、虐殺の原理を準備したのである。本来、法とは、人々が安全に暮らすための秩序を維持するために制定される。しかしナチスは、全体主義体制をとることで、国民を自分たちの思想の下に一元的に統合し、ドイツ国民の統制を図ろうとした。そして、ユダヤ人の虐殺を合法的に実行したのである。アーレントはこうした当時の政治体勢について、全体主義は、イデオロギーによって「法律」という語の意味すらも変えてしまったと指摘している。

ここで見過ごしてはならないのは、ヒトラーが、国民の選挙によって選ばれていた事実である。アーレントが強調したように、ヒトラー政権の掌握は、民主主義的で、人権保障を定めたことで知られる「ワイマール憲法」のすべての規定に照らしても、合法的であったのだ。つまり、恐ろしい虐殺計画を主導したヒトラーは、大衆の支持によって政権の座に就いたのである。それでは一体なぜ、大衆はヒトラーを国のトップに選んだのか。

そもそも第一次世界大戦で敗戦し、政治的にも経済的にも不安定だったドイツにとって、国家を強化することは必須の課題であった。国民も敗戦の屈辱と不況から脱し、何とか国力を上げたいと考えていた。そうした状況下で、ヒトラーは、国民の心を見事に摑んだ。当時、ドイツと敵対関係にあったイギリスやフランスは、近代化を遂げ、民主主義や平等という概念を根付かせつつあった。それに対してドイツは、敵国が掲げるような近代化や啓蒙主義的な思想を拒絶し、自民族中心主義や血統主義といった保守的で非自由主義的な姿勢を保っていた。そうしたなかでヒトラーは、ドイツ国民の精神に忠実でありながら、自国を強化するために近代テクノロジーを取り入れた。本来、啓蒙主義を拒絶しながら近代テクノロジーを受け入れることは、矛盾しているはずである。しかしヒトラーは、ドイツ国民の保守的な自民族中心主義に基づく精神面と近代テクノロジーを和解させることによって、政治とナチスイデオロギーを組織化し、大衆を導いたのである。(3) その意味で、ヒトラーは「大衆」の意味をよくわきまえていた。

とりわけ、彼のメディア戦略は画期的だった。アーレントによれば、ナチズムの宣伝は、当時の「大衆」の願望をかつてないほど的確に捉えていた。当時、国民の一大情報源だったラジオをいち早く操り、芸能のように大衆を引き込んだ。ユダヤ人を世界の支配者に仕立て上げ、その地位を引き継いだものこそが、世界支配の座を獲得できるという幻想をドイツ国民に植え付けたのである。そしてヒトラーは、ドイツ民族の優秀な人種（アーリア人）のみを保つために国家を「浄化」しようと企てた。それは、ユダヤ人、共産主義者、同性愛者、身体障害者などを「生きる資格のない人間」として排除し絶滅させる、恐ろしい計画だった。こうした「浄化」政策に基づくユダヤ人絶滅計画は、二十世紀の科学技術の躍進と大衆文化が生み出した最大の悲劇であった。

しかしナチス政権も、一九四五年のドイツ敗戦とともに崩壊した。ドイツには、荒れ果てた街並と陰鬱なナチズムの資料だけが残された。ヴィクトール・E・フランクルの『夜と霧』[4]と同じタイトルの記録映画（『夜と霧』アラン・レネ監督、一九五五年）では、山積みになった人骨やリサイクル目的で死体から回収された髪の毛や被害者の所持品の山など、当時撮影された映像がそのまま使われている。タイトルの「夜と霧」は、強制収容所で実行された計画を記録したさいに使われた名前である。アーレントは、強制収容所での記録が、「一流の几帳面さ」をもってなされていたと語っている。ナチス政権が崩壊すると、その膨大な記録が、まさに几帳面なまでに強制収容所内の様子やナチス時代の実態を暴露していった。

アーレントは、こうした資料の山をもとに、一九四六年までに『全体主義の起源』の第一部「反ユダヤ主義」と第二部「帝国主義」をほぼ執筆し終えている。そして一九四九年の秋には、第三部「全体主義」を書き終える。一九五一年に、初版（英語版）がアメリカとイギリスで出版されると、アーレントの名前はたちまち世界に知れ渡った。

本書の「序文」を書いたヤスパースは、この三部作について、ここで扱っているのは、私たち人間の存在にとって最も差し迫った危機的な状況であり、まさに緊急の課題として私たちが痛感している問題であると述べている。具体的には、この本は、全体主義という最も恐ろしく、最も危険な政治のありさまを出現させた歴史的転換とはどのようなものだったかという問題を分析している。そのなかでアーレントが注目しているのは、十九世紀までに見られた国家と社会のあり方が、二十世紀になって大きく変化したということである。その大きな変化をもたらしたものこそ、新しい統治の形式としての全体主義であった。全体主義というまったく新しい政治体勢は、たんに政治という形式的な問題を変えただけでなく、人間の存在価値や尊厳、道徳観、共感能力、責任の問題といった、私たちが生きていく上で必要なさまざまな問題を根底から揺るがし、大きく変容させた。アーレントが「全体主義の起源」を辿る過程で見たものは、まさに十九世紀から二十世紀にかけての歴史的な枠組み構造の転換と、それに伴う人間の思考や行動の変化であった。

またヤスパースが評価するのは、この著作がたんに政治的あるいは歴史的な記述にとどまるのではなく、それらの分析の中に、アーレント自身の哲学的な思索が随所に見られることである。アーレントはこの三部作を通じて、全体主義的支配のさまざまな要素を、歴史的にさかのぼりながら明らかにし、最終的には、人間の存在のあり方を探求する。そうすることでアーレントは、個人としての人間、大衆としての人間、思考し活動する人間が、どのようにして全体主義を作り上げ、いとも簡単に全体主義の運動へと奔《はし》ったのかを分析するのである。それゆえこの著作は、読み手の側も一緒になって考えることを要求する。そして哲学的な考え方を通じて、どうしたら実際の社会で起るような諸々の問題に対する

「思考力」や「判断力」を獲得することができるかという「洞察力」を与えてくれる。だからこそ『全体主義の起源』とは、アーレントが人々の「内面的世界へ働きかけようとしている」著作でもある。

アーレントは本書のエピローグの最後で、「歴史におけるすべての終わりは必然的に始まりを内包する」と指摘する。そのさい重要なのは、アーレントにとって「始まり」とは、彼女の政治思想の鍵概念である「自由」と同一のものだということである。つまり「始まり」とは、一人一人の人間の「誕生」と同義であり、人間の最高の能力を意味する。というのも、人間の誕生とは、世界でたった一つの固有な存在としての人間が新しく生れることであり、新しい何かを創造する「自由」をもったパワーの出生だからである。

アーレントは全体主義の起源を辿ることで、そうした未来に向けた「メッセージ」を見出した。

3 「凡庸な」人間の忠誠心——アイヒマンとユダヤ人絶滅計画

さて、映画『ハンナ・アーレント』に話を戻そう。この映画が二十一世紀の現代で、なぜこれほど大きな反響をよんだのか。おそらく、彼女の思想が今を生きる私たちにとってなお大きな意味をもち、心に訴えかけるものがあったからに違いない。人間としての誠実さ、哲学者としての正義感、友情の絆とユダヤ人という複雑な問題。さまざまな苦悩と葛藤を抱えながら、それでも「真実」とどのように向き合うべきかという問題を投げかけ、私たちに訴えかけてくる作品である。それでは、アーレントは、アイヒマン裁判を通じてどのようなことを考え、何を人々に伝えようとしたのだろうか。

そもそも、アーレントが大きな関心を寄せたアドルフ・アイヒマン（一九〇六—六二年）とはどのような人物だったのか。彼は、一九三二年にオーストリアのナチ党と親衛隊（ＳＳ）に加入し、三八年からウィーンでユダヤ人移住局を組織した人物である。そのさい、約一年間で十一万人ものオーストリア系ユダヤ人を絶滅収容所へ移送したことが評価され、三九年にゲシュタポの「ユダヤ人問題」担当の長官になっている。アイヒマンは、長官としてヨーロッパ全土の二百万人近いユダヤ人を、絶滅収容所やその他の殺害現場に移送する中心的役割を担った。

アーレントは、アイヒマンが逮捕され、イェルサレムで裁かれることになったと知ると、『ザ・ニューヨーカー』誌の編集者に、裁判レポーターを務めたいと申し出る。そして一九六一年、アイヒマンの裁判を傍聴するため、イェルサレムへ向かった。彼女の裁判レポートは、一九六三年二月から一か月間にわたって雑誌に掲載された。毎週土曜日に掲載された「イェルサレムのアイヒマン——悪の凡庸さについての報告」は、五回の連載を経た後、同年の五月に本として出版された。

しかし、アーレントの報告は、雑誌掲載の直後から、凄まじい批判と非難の声を浴びることになる。なかでも彼女が「悪の凡庸さ」という表現を使ったことで、未曾有の大罪を凡庸な悪といったとか、ユダヤ人への愛がまったくないとか、あるいはアイヒマンの罪を軽くしようとしているといった、彼女の意とは異なる数々の批判が飛び交った。またアーレントが、ユダヤ人組織とナチス政権の官僚との協力関係に触れたことについて、ユダヤ人にナチスの責任を負わせるものだとして非難された。具体的には、あるユダヤ人指導者たちが、ユダヤ人絶滅計画のために、自分と同じ民族であるユダヤ人の名簿と財産目録を作成し、絶滅収容所への移送に協力する仕事を任されていた事実である。こうした記述はわずかなものだったが、結果的には多くの読者の怒りを招いた。

しかし、アーレントは、こうした混乱をある程度予測していた。彼女は、記事を発表する前に、親友のヨナスにそのことを打ち明けていた。当初、ヨナスは、何が起るか分かっていなかったという。しかし実際にアーレントの記事を見たとき、ヨナスは愕然とした。彼女の語り口、反シオニズム的なニュアンス、ユダヤ的なことへの無知などが彼には受け容れがたかった。ヨナスは、自身の「回想記」のなかで、その時の衝撃について語っている（『ハンス・ヨナス「回想記」』）。そしてこの記事をきっかけに、二人の間は危機的なものとなっていった。

なぜ、アーレントはこうした危険をおかしてまで、裁判レポートを執筆したのか。そして彼女は、「悪の凡庸さ」という言葉で何を言おうとしたのか。まず第一に、アーレントはレポートを通じて、自分の目で見た「真実」をありのままに人々に知らせる必要があると考えた。そして彼女は、アイヒマンがあまりにも凡庸な人間だったことを実際の事実として伝えようとした。ユダヤ人を絶滅させるための虐殺行為に関与したその男は、誰の目から見ても「怪物」や「悪人」などではなく、どこにでもいるただの凡庸な人間だったのだ。アーレントは、まさにこの事実にもっとも大きな衝撃を受けたと繰り返し述べている。

さらにアーレントを驚かせたのは、アイヒマンが強烈なユダヤ人憎悪や狂信的な反ユダヤ人主義思想の持ち主でもなく、何らかの思想教育の影響を受けた者でもなかったことだ。むしろ彼には、ユダヤ人を憎まない「個人的な理由」さえあった。彼の身内にはユダヤ人がいたし、ユダヤ人の愛人すらいたらしいのだ。最終的に、アーレントが彼の動機として見いだすことができたのは、「自分の昇進にはおそろしく熱心」であることだけだった。彼女が見るかぎり、彼には昇進以外には何らの動機もなかったのだ。もちろん、昇進を目指すそのこと自体は、決して悪いことでも犯罪的なことでもない。しかし、その動機の単純さに、アーレントは大きなショックを受けた。アイヒマンは、自分の昇進のためだけに、「怪物的な行為」を淡々と行い続けたのだ。彼自身、当時の状況について、「与えられた命令に盲目的に従おうという決意」によって自分のあらゆる能力を発揮することができたと明かしている（『アイヒマンの告白』）。結局のところアイヒマンは、極悪な心の持ち主であるが故に、あるいは何らかの思想や企み故にユダヤ人の虐殺に加担したのではない。そうではなく、彼はたんに組織内部での自分の昇進を実現させるという、ごく個人的な理由とあまりにも一般的な欲望のために、任務をこなしたにすぎなかった。

もちろんリチャード・バーンスタインが言うように、アーレントの分析を評価しながらも、彼女は「アイヒマンのイデオロギー的狂信性を過小評価している」(5)とする指摘もある。それでもアーレントの分析が重要なのは、アイヒマンが行ったことは、すべて「彼自身の判断し得るかぎりでは、法を守る市民として行っていること」であり、市民としての義務を実行しただけだったということである。しかも、彼の行為がいかに冷酷で悪辣なことであったとしても「命令に従っただけでなく、法律にも従った」という事実である（『責任と判断』）。アイヒマンの行為から言えることは、法的に正しいことが、必ずしも道徳的に善いこととは限らないということである。そして危険なことに、政治的な秩序において求められることは、「道徳的な健全さではなく、法を守る市民」であるということだ。[6] 法治国家の下で生きる以上、私たちは無制限に自分勝手に振る舞うことは許されない。市民として自国の法律に従うことは、政治的には必要なことである。それゆえ人々の服従なしにはどのような統治体も秩序を保つことはできない。しかし法律自体が非道徳的であった場合、私たちは何に従えばよいのだろうか。

4　批判的思考と他者の立場で考えること——希望の世界のために

アーレントは、『全体主義の起源』を出版してからアイヒマン裁判を傍聴するまでのあいだに、もう一つの主著『人間の条件』（一九五八年）を執筆していた。彼女は、『全体主義の起源』では十分に論じることのできなかった問題について、さらに考察を深めていた。とりわけアーレントは、二十世紀がもたらした科学技術をめぐる問題と、科学技術が人間の思考に与えた影響に強い関心を示していた。彼女にとって重要なのは、人間の進歩や発展のために開発された近代科学が、結果的には原子爆弾や強制収容所のガス室といった、人間を大量に殺害するための道具を生み出したという矛盾にある。しかもそうした道具や兵器を利用する人間の判断能力を問うことにある。

『人間の条件』では、これらの問題を根本から繙《ひもと》くために、古代ギリシャやローマの文明にまで遡る。さらに近代の宗教改革、市場経済の変化、大衆社会や科学技術がもたらしたさまざまな影響へと分析を広げていく。アーレントは、『人間の条件』のプロローグのなかで、これから自分がやろうとしていることは、「私たちの最も新しい経験ともっとも現代的な不安を背景にして、人間の条件を再検討すること」であると述べている。アーレントは、「私たちが行なっていること」を中心的なテーマに据えることによって、「人間の条件」のもっとも基本的な要素を明確にしようと試みた。それでは彼女が述べる人間の条件の基本的な要素とは何か。

実は、英語版の『人間の条件』よりも後に出版されたドイツ語版には、『活動的生（*vita activa*）』という別のタイトルがついている。この「活動的生」というテーマこそ、アーレントの独特な「誕生」の思想と分かちがたく結びつき、彼女が唱える「人間の条件」と不可分な中心的テーマである。アーレントは、『人間の条件』のなかで、「活動的生」を「労働《レイバー》」、「仕事《ワーク》（制作）」、「活動《アクション》」という三つの基本的な人間の活動力に区分しながら分析を進める。これら三つの活動力のなかで、人間に特有のものとされるのが「活動」である。

アーレントによれば、「活動」とは、「物あるいは事物の介入なしに直接人と人との間で行なわれる唯一の活動力」である。つまり、人と人がお互いに言語や行為によって何かを伝えたり、働きかけたりする営みである。また「活動」という言葉には、人間が複数存在しているという「複数性」が前提されている。人間は単独に存在するのではなく、複数に存在している。しかも、一人一人の存在は、異なる考えを持つオリジナルな存在なのだ。こうしたごく当たり前の事実がアーレントの政治思想の根底にある。アーレントの政治思想を理解する上で重要なのは、人間が、生命の種としては「同一性」を持ちながらも、一人一人はまったく異なる存在であるという「差異性」を持つこと、そして誰ひとりとして同じ存在はいないという「唯一性」を持っているということである。

差異を含みながらも同一性をもつ人間は、本来であれば、力と暴力だけで世界を構築するのではない。人間は互いに語り合い、説得し合う能力を持っている。たとえ他人が自分とは異なる異質な存在であったとしても、私たちは言論という方法で自由に言葉を交わし、何とかして相手に考えを伝えようと交流する能力を持っている。他者と交流することは、自分の世界を他者に開くことであり、自分がどのような存在かを示すことでもある。人間は、言論と活動を通じて互いの世界に参入し、人間特有の文化的な世界を創ることができるのだ。その意味で、「活動」には、本来は予測できないことも成しうる新たな「始まり」の可能性が秘められている。そこには新しい世界を構築するパワーがある。多数存在する多種多様な「人間関係の網の目」が作り出す環境において、アーレントが人間の条件のなかでも重要視するのがこの言論と活動であった。

しかし全体主義の支配下では、生き生きとした人間の交流の世界、また自由の萌芽が根こそぎに奪われてしまった。その被害は、虐殺されたユダヤ人たちだけではない。彼らを殺す側の人間たちも、機械的に任務を遂行するモノへと変えられてしまった。アーレントが『全体主義の起源』で述べたように、全体主義では、個人の自発性を抹殺し、個体性をことごとく取り除いた「パブロフの犬」のようになることが「〈市民〉のモデル」とされたのだ。人々は、画一化のために、言論と活動の自由を奪われた。その結果、人間として人間らしく生きることを放棄させられてしまったのである。アーレントは、全体主義支配における基本的な経験は、「見捨てられること」の経験であると述べていた。それは、たんに他の人びとと世界から見捨てられるだけではない。自分自身からも見捨てられること、つまり自分自身と世界がなくなってしまうことを意味していた。

ちなみにアーレントは、ヤスパースとの往復書簡のなかで、本書のタイトルは「世界への愛」にしようと思うと告げていた（彼女は晩年に、「人間の条件」は、「出版社がつけた巧みなタイトル」であったことを明かしている）。私たちは、生命という有限性のなかで、人と人とのつながりのうちに生きている。私たちに「自由」があり、つねに新たなものを生み出す可能性と未来を切り開く可能性が秘められているとするならば、私たちは互いを尊重し、認め合い、理解し合う努力を絶やしてはならない。そして人間関係の網の目の世界から、暴力をなくし、恐れや不安、絶望を取り除く努力をしなければならない。きっと「世界への愛」という言葉にも、人と人とのあいだに生まれる安らぎを求めるアーレントの思想、あるいは愛が込められていたのだろう。

ナチズムと全体主義、そしてアイヒマン裁判をめぐるさまざまな問題を通してアーレントが問おうとしたのは、「考える」とは何か、「判断」とは何かという、もっとも根本的なことだった。そして彼女が全体主義に見出したのは、「道徳性の崩壊」だった。しかもアーレントは、道徳性の崩壊という事態が、何らかの邪悪な心を持った一部の人たちによって引き起こされたのではなく、当時の体制にたんに「同調した」だけの普通の人々によってもたらされたことに、最大の危機感を覚えた。私たちは社会生活を営み、集団の中で活動する以上、いつでもこうした状況に遭遇する可能性がある。その意味で、アーレントが投げかけた問題は、読み手の私たちが真摯に受け止め、共に考えなくてはならない、差し迫った重要な問題なのである。

アーレントの思想を通じて、筆者が最後に強調しておきたいのは、「批判的思考」と「想像力＝構想力」の重要性である。晩年、アーレントは、「思考」、「意志」、「判断」という三つの精神的活動について思索を深めていった。本来であれば、彼女は『精神の生活』（一九七一年）という全三部（思考・意志・判断）からなる著作を出版する予定だった。しかしアーレントは、最後の「判断」の部を書き終える前にこの世を去ってしまった。本稿の最後に取り上げるのは、「判断」に関わる彼女の思想である。

アーレントは、ニューヨークの大学生に向けて、カントの『判断力批判』の講義を行った。そこで「批判的思考」と「想像力＝構想力」の重要性を解説した。一般的には、カント講義は、カントの美学論を政治的に解釈し直したことで知られている。しかし筆者の考えでは、アーレントはこれまでの思索を集約しながら、彼女自身の哲学的問いを解決するために論じている。

カント講義で重要なのは、「批判」という言葉である。カントは、自分自身を批判的に見る視点を導入し、「私たちは何を知りうるか、そして何を知りえないか」分析することからはじめた。そうすることで、カントは、私たちがつねに自分こそが正しいと思い込む独断的な態度に対し、懐疑的な視点を介入させ、理性の能力そのものを検討することを試みた。つまり、有限な存在としての人間には、自分自身を批判的に見る視点そのものにも限界がある。それゆえ自分の視点の範囲を厳密に吟味する必要がある。しかもアーレントによれば、人が批判的な思考をせずに、独断的な態度でいることは、他者の視点を考慮せず、さまざまな複数者の立場から考える努力を停止している状態を意味する。つまり他人の立場になって考えられない状態である。それゆえ私たちは、自分自身の思考に対しても、他人を批判するのと同じように、批判の目を向けてみなければならない。異なる立場からの批判的な基準を適用してみることで、私たちは批判的思考を学ぶことができるのである（『カント政治哲学の講義』）。

批判的思考と関連して、アーレントが強調するのは、カントが「拡張された考え方」をもつことの重要性を論じている点である。「拡張された考え方」とは、「他のあらゆるひとの立場に立って考えること」によって、主観的な立場から脱し、普遍的な立場に立つことを可能にする。それを可能にするのが、構想力（想像力）の働きである。構想力は、今そこに現れていないものを想定させる能力であり、それゆえ他者を考慮に入れながら、より客観性のある判断をできるようにする能力である。

1960年のハンナ・アーレント（copyright estate of Fred Stein, www.fredstein.com）

複数の異なる考えをもつ人々のなかで、互いにより善く生きるためには、相手の立場を想像（構想）し、さまざまな視点から物事を考えてみることが極めて重要になる。そうすることで、自分の世界が広がり、自分自身の未来や可能性を開くことができる。アーレントはこのことに触れて、「人間が一人一人誕生するごとに、なにか新しいユニークなものが世界にもちこまれる」(『人間の条件』)と言う。人間の数だけ多様な生き方が存在し、多様な考え方が存在する。一方では、新しい世界を構築する可能性が芽生えることでもあるが、他方では異なる考え方によって衝突する可能性があることでもある。それでも私たちは、複数の異なる他者との対話を通じて、私たちの多様な行為を通じて、自分とは異なる世界をもつ人々を理解しようとする。その過程のなかで、私たちは新しい発見や学びを得ることができる。

アーレントがさまざまな論考を通じて私たちに語りかけていたのは、私たち一人一人の人間が、この世にただ一人の、かけがえのない存在であることだ。しかもその存在は、新しいチャンスを切り開く「自由」をもった存在でもあるということだ。これからの時代を生きる私たちは、その自由を活かし、希望ある、温かい社会を構築しなければならない。そのためにも、私たちは、自分の頭でよく考える努力を続けていかなければならない。アーレントの思索日記には、「希望がなければ信頼も愛もありえない。希望は信頼が明日も保たれるという確信であるとともに、心が二度と閉ざされないことを、不安を抱えながら望むことでもある」[7]という言葉が残されていた。私たちは不安を抱えながらでも、希望を捨ててはならないのだ。

■注

(1) アーレントの伝記部分に関しては、主に以下を参照。エリザベス・ヤング゠ブルーエル『ハンナ・アーレント伝』荒川幾男・原一子・本間直子・宮内寿子訳、晶文社、一九九九年。

(2) ジュリア・クリステヴァ『ハンナ・アーレント講義』青木隆嘉訳、論創社、二〇一五年、四頁。

(3) Jeffrey Herf, *Reactionary modernism*, Cambridge University Press, 1984, pp. 1‐17 (ジェフリー・ハーフ『保守革命とモダニズム』中村幹雄他訳、岩波書店、一九九一年、二—三一頁)。
(4) ヴィクトール・E・フランクル『夜と霧』池田香代子訳、みすず書房、一九五六年。
(5) リチャード・J・バーンスタイン「第8章 アーレント——根源悪と悪の陳腐さ」菅原潤訳、『根源悪の系譜——カントからアーレントまで』阿部ふく子・後藤正英・齋藤直樹・菅原潤・田口茂訳、法政大学出版局、二〇一三年、四二三頁。
(6) ハンナ・アレント「道徳哲学のいくつかの問題」、『責任と判断』ジェローム・コーン編、中山元訳、筑摩書房、二〇〇七年、八五頁。
(7) ハンナ・アーレント『思索日記Ⅰ 1950‐1953』青木隆嘉訳、法政大学出版局、二〇〇六年、一六七頁。

・そのほかアーレントの著作以外の参考文献
イマニュエル・カント『カント全集』第八巻、牧野英二訳、岩波書店、一九九九年
エルジビェータ・エティンガー『アーレントとハイデガー』大島かおり訳、みすず書房、一九九六年
草森紳一『宣伝的人間の研究 ゲッペルス』番町書房、一九七八年
ディームート・マイヤー「「民族的不平等」を例としたナチズムにおける司法の法理論的機能規定」、『法、法哲学とナチズム』ナチス法理論研究会訳、みすず書房、一九八七年
中島道男『ハンナ・アレント』東信堂、二〇一五年
ピエール・ジョッフロワ&カリン・ケーニヒゼーダー編『アイヒマンの告白——裁きの日の前に』大久保和郎訳、番長書房、一九七二年
マーガレット・カノヴァン『アレント政治思想の再解釈』寺島俊穂・伊藤洋典訳、未來社、二〇〇四年
マルチン・クリーレ「ナチズムからの国家哲学上の教訓」、『法、法哲学とナチズム』ナチス法理論研究会訳、みすず書房、一九七八年
ルドルフ・ヘベルレ『民主主義からナチズムへ』中道寿一訳、お茶の水書房、一九八九年

■推薦図書

矢野久美子『ハンナ・アーレント』中公新書、二〇一四年
アーレントの生涯と思想が分かりやすく、コンパクトにまとまっている。哲学に慣れ親しんでいない人にも、大変読みやすい。時代背景やアーレントの周囲を取り巻く環境、そしてその中で哲学的思考を繰り返しながら、自らの思想を構築していくアーレントの姿を辿ることができる。

仲正昌樹『ハンナ・アーレント「人間の条件」入門講義』作品社、二〇一四年

著者が主催する勉強会の連続講義を収録し、編集したもので、文体も解説も読みやすい。板書を再現した視覚的な「まとめ」があったり、英語やドイツ語の原語からの説明があったりするところも嬉しい。アーレント思想のみならず、その背景にある哲学や思想も分かりやすく解説されている。「入門講義」という名のとおり、初学者でも多くを学べる一冊である。

川崎修『ハンナ・アレント』講談社学術文庫、二〇一四年

「現代思想の冒険者たち」シリーズからの復刊。アーレントの政治的・政治学的側面に重心が置かれており、彼女の思想的ポイントや概略を知ることができる。本書は、アーレント自身の著作をすでに読んだことのある人も、これから読もうとする人にも助けになる一冊である。

ハナ・アーレント『全体主義の起原』大久保和郎、大島かおり訳、みすず書房、一九七四年

世界的にアーレントの名が知れ渡るようになった代表作。「反ユダヤ主義」、「帝国主義」、「全体主義」の三部構成で、政治哲学者としてのアーレント思想を辿ることができる。とくに第三部の「全体主義」では、全体主義国家の暴力・権力・イデオロギーそして強制収容所など、ナチス政権が「人間を無用なものにするため」に「発見」した、さまざまな制度について書かれている。たんなる歴史や政治の枠にとどまらず、それらを哲学的に考察しているので、これからの時代を生きる私たちにとっても大変意義深く、示唆的な著作である。

平井正『20世紀の権力とメディア——ナチ・統制・プロパガンダ』雄山閣、一九九四年

今日のようなネット社会が普及する以前、大衆の情報源は新聞、ラジオ、映画などのマスメディアに限られていた。ナチス政権の台頭は、ちょうどドイツでラジオが使用されるようになった時期と同じ頃だった。今のように「情報」が孕む危険性や威力を、ほとんどの人々が認識していなかった時代に、ヒトラーは最新技術を大いに活用した。まさに、大衆、メディア、権力などが含み持つ危うさを歴史的に知ることができるだろう。

■関連情報

映画『ハンナ・アーレント』、マルガレーテ・フォン・トロッタ監督

この作品は、「二〇一二年東京国際映画賞」「二〇一三年ドイツ映画賞」「二〇一三年バイエルン映画賞」など複数の

賞を受賞し、日本でも注目を浴びた。すでにＤＶＤにもなっているので、アーレントやアイヒマン裁判に興味のある方にはオススメ。映画は、アーレントがアメリカへ亡命してから二十年近く経った、一九六〇年代から描かれている。

The New School for Social Research
ニューヨーク州マンハッタンにあり、アーレントが一九六七年から生涯教鞭をとった大学。現在では、リチャード・バーンスタイン、サイモン・クリッチリー、ナンシー・フレイザーらが活躍している。二〇〇〇年の春には Hannah Arendt Center が設立された（http://www.newschool.edu/nssr/）。

The Hannah Arendt Center for Politics and Humanities at Bard College
ニューヨーク州にあるハンナ・アーレント・センター。バード大学は、アーレントの再婚相手ハインリッヒ・ブリュッヒャーが教鞭をとっていた大学でもある（http://www.bard.edu/hannaharendtcenter/）。

＊写真は、アーレントを二十年以上にわたって撮り続けた写真家のフレッド・スティン氏のギャラリーにお世話になった。彼のギャラリーを管理している息子のピーター・スティン氏には、とても親切にしていただいた。ここに感謝の意を表したい（www.fredstein.com）。

第3章

オクタビオ・パス

(1914–1998)

異文化との対話者

大西　亮

20世紀スペイン語圏を代表する詩人、オクタビオ・パスは、メキシコ人であるという自覚を核としながら、国境を越えたユニバーサルな視点に立って世界のさまざまな出来事に向き合った。インドやフランス、アメリカ合衆国をはじめとする豊富な海外体験を通じて異国の文化を貪欲に吸収する一方、「メキシコとは何か？」という問いを突きつめ、柔軟かつ壮大な思考を展開したのである。

異文化へのパスのまなざしは日本にも向けられ、俳句をはじめとする日本の伝統文化との幸福な出合いをもたらした。芭蕉の句をめぐるその斬新なアプローチは、異国の文化をただ一方的に受け入れるのではなく、積極的に働きかけることによってそこに新鮮な空気を吹きこみ、豊かな対話をつむぎ出すという異文化体験の方法論を物語っている。

西洋と東洋のはざまに身をおきながら刺激的な知の冒険に乗り出したオクタビオ・パスは、一方で自由と民主主義の擁護者として、権威主義的な政治体制の横暴を前に糾弾の声をあげつづけた。そんなパスの歩みから見えてくるものとはいったい何だろうか？

1　メキシコと日本

メキシコと聞いて私たちは何を思い浮かべるだろうか？　タコス、テキーラ、サボテン、アステカ文明が栄えた国……。断片的なイメージはいくつか思い浮かんでも、たとえば日本との関係となると、皆目見当がつかないという人が多いのではないだろうか。しかし、歴史をひもとくと、両者を結ぶ意外な絆がみえてくる。

古くは徳川家康が現在のメキシコ（スペインの植民地だった当時は、「新スペイン」を意味する「ヌエバ・エスパーニャ」と呼ばれていた）との交易を視野にスペインとの関係樹立を望んでいたことが知られている。メキシコからも使節が日本に派遣され、両国間の通商の可能性を探るべく家康および二代将軍秀忠に謁見している。また、これとほぼ同じ時期、仙台藩主の伊達政宗が派遣した使節団（慶長遣欧使節団）は、スペインを経由してローマへ向かう途次、太平洋航路でメキシコに立ち寄っている。その後、長い鎖国を経て明治時代に入ると、金星の太陽面経過を観測するため、メキシコの天体観測隊が一八七四年に来日するという出来事があった。観測隊を率いていたフランシスコ・ディアス・コバルビアスは、日本に関する詳細な報告書（『ディアス・コバルビアス日本旅行記』として邦訳されている）を著し、アジアの一角を占める「東方の帝国」の内情を広くメキシコに紹介した。

当時、海外に門戸を開いたばかりの日本は、アメリカをはじめとする列強諸国と結んだ不平等条約に苦しめられていた。そんななか、メキシコは日本がアジア以外で初めて平等条約を結んだ国として知られている。欧米諸国の圧力に悩まされてきた経験をもつメキシコは、平等条約締結をもくろむ日本の執念が痛いほどよく理解できたのだろう。日本への好意的な印象をつづったコバルビアスの報告書も、条約締結の機運を盛り上げるのに寄与した。その後、元外務大臣の榎本武揚が旗振り役となって日本人移民がメキシコへ送り出されるなど、日本とメキシコの関係は次第に緊密の度を増していった。

外交や政治と並んで、文化面での交流も盛んになっていく。メキシコにゆかりのある日本人を挙げてみると、たとえば、洋画家として活躍した北川民次（一八九四―一九八九年）は、メキシコの野外美術学校の設立に積極的に参加、藤田嗣治（一八八六―一九六八年）もメキシコの芸術家たちとの交流から多くを学んでいる。ほかにも、メキシコの近代劇運動に貢献した佐野碩《せき》（一九〇五―六六年）や、頻繁にメキシコを訪れ、現地の著名な画家と親交を結び、メキシコで目にした先スペイン期の芸術作品について「メキシコ人は三千年も前からぼくの仕事のまねをしている」と言い放った岡本太郎（一九一一―九六年）などがいる。また、一九七六年に客員教授としてコレヒオ・デ・メヒコ（メキシコ大学院大学）に招かれた作家の大江健三郎（一九三五年―）は、メキシコに関する話題を盛りこんだ小説や評論を手がけている。

一方、日本とかかわりの深いメキシコ人も少なくない。日本の俳句をメキシコのみならず広くスペイン語圏の国々に紹介した詩人、ホセ・フアン・タブラダ（一八七一―一九四五年）はその一例である。自らスペイン語で haikú を書き、自宅の敷地内に日本式家屋を建てて茶会を開くなど、その日本趣味は徹底していた。本章でとりあげるメキシコの詩人、オクタビオ・パス（Octavio Paz）もまた、タブラダと並んで、メキシコが生み出した著名な知日派知識人の顔をもっている。一九五二年に臨時代理大使として東京に赴任したパスは、日本文化に親しむなかで、詩人としての感性を磨き、東洋の歴史や文化をめぐる思索を深めた。日本という異国との出合いを通じて自らの視野を広げ、二十世紀を代表する詩人のひとりとしてさらなる成長を遂げたのである。

一般に詩人として知られるパスは、鋭い直観と深い洞察力を兼ね備えた批評家としても名をなした。日本をはじめとする異文化との接触を通じて自らの思考を鍛えつづけたパスは、「自分とはいったい何者なのか？」、「メキシコ人とは何か？」といった問いを突きつめ、数々の論考のなかで独創性に富む考えを展開した。自己の姿を映し出す「鏡」としての異文化に向き合いながら、自己と他者、個と普遍のあいだを往還する思索を繰り広げたのである。

本章では、ラテンアメリカが生んだ二十世紀最大の詩人にして傑出した思想家でもあったオクタビオ・パスの事績をたどりながら、その異文化体験、とりわけ日本との出合いを切り口に、刺激的な知の冒険のドラマを再現してみることにしたい。

2 「メキシコ的なもの」を追い求めて

まずはオクタビオ・パスの足跡を簡単にふりかえっておこう。一九一四年、メキシコに生まれたパスは、首都メキシコシティー近郊の古い屋敷で幼少期を過ごした。緑の植物が繁茂する庭で友だちと心ゆくまで遊ぶ日々。そんなオクタビオ少年の大きな楽しみのひとつは、たくさんの本に埋めつくされた祖父の書斎で好きな小説を手当たり次第に読み散らすことだった。十七歳にして自作の詩を雑誌に発表するなど、早熟な文学青年だったパスは、メキシコ国立自治大学に入学、十九歳で処女詩集を公にしている。

詩作と並んでパスの心をとらえたのは、社会変革の夢だった。メキシコ東部ユカタン半島を訪れ、労働者や貧しい農民のための学校の設立にかかわったり、一九三七年に内戦中のスペインへ赴き、フランコ軍と戦火を交えていた共和国政府を支持するために「反ファシズム作家会議」に参加するなど、同時代の出来事に積極的にかかわっていこうとする姿勢はこのころに確立されたようだ。

メキシコに帰国してからも、労働者を対象とした左翼系新聞の編集に携わり、共産党に入党するなど、理想的な社会の実現にむけた活動に取り組んだ。ところが、一九三九年にソ連がナチス・ドイツと不可侵条約を結んだことに大きな衝撃を受け、スターリン主導の共産主義体制に幻滅、革命思想からも次第に遠ざかっていく。これ以後、パスは、権威主義的な政治体制への批判を強めると同時に、多様な価値観にもとづく自由と民主主義の擁護者として積極的な言論を繰り広げるようになっていく。

一九四四年からグッゲンハイム財団の研究員として二年間のアメリカ滞在を経験したことは、メキシコ人としての自己認識を促すことになった。あるインタビューのなかで彼は、「私の原点はメキシコ人であることですが、外国で生活して、いっそうメキシコ人であるという現実に直面したのです[1]」と語っている。異文化という「外」の視点を介してメキシコ人としての自覚を深めていくのだが、パスの場合、それは同時に、自己の内側からメキシコの本質をつかみ出そうとする試みに通じるものだった。彼にとって「メキシコとは何か?」という問いは、自らの内部に根づくメキシコ人としてのアイデンティティの痛切な自覚を意味するものだったのである。彼が手がけた詩や散文作品の多くは、このメキシコ的なものの探求を根底に据えている。パスはそれを通じて、近代的な装いの下に隠されたメキシコ、つまり、先スペイン期の先住民文化の伝統が息づくメキシコを発見する。『鷲か太陽か』(一九五一年)をはじめとする詩篇や、秀抜なメキシコ論としても知られる『孤独の迷宮』(一九五〇年)といった評論は、いずれもパスによるメキシコ再発見がもたらした貴重な果実といえるだろう。

パスにとって「メキシコ人とは何か?」という問いは、個々のアイデンティティの問題を超える広がりを有するものだった。十六世紀のスペインによる征服と植民の歴史を刻印されたメキシコは、スペイン系白人と先住民の混血(メスティソ)を中心とする人種構成を特徴とする。ヨーロッパと非ヨーロッパの血をともに受け継ぐメキシコ人は、いわば征服者(=加害者)の子孫でもあり被征服者(=被害者)の子孫でもあるという、両義的かつ矛盾に満ちた性格を担わされている。民族としてのアイデンティティが両極のあいだでつねに揺れ動いているのがメキシコという国のあり方なのであり、したがって「メキシコ人とは何か?」という問いは、単純な答えを許さない難しさや複雑さをはらんでいる。『孤独の迷宮』をはじめとする著作のなかで、パスが歴史学や人類学、心理学、民族学など多岐にわたる学問分野の知見を幅広く援用しながらメキシコ的なものの本質に迫ろうとしているのも、こうした事情が背景にあるからだろう。

メキシコ的なものの探求は、同時に、グローバルな視点から自国を見つめなおす契機となるものでもあった。パスはつぎのように述べている。「メキシコについての問いに答えようとして、私は次のことに気づきました。すなわち、メキシコ人であることはラテンアメリカ人であることであり、アメリカ合衆国の隣人であることだ、と。〔中略〕スペイン、ポルトガル史なしに、そして、アメリカ合衆国の歴史なしにメキシコ史を理解することは不可能です。こうして、メキシコに関する問いを通じて、世界史への扉が私の前に開かれたのです[2]」。自分とは何者なのか？　メキシコとは何か？　ラテンアメリカとは何か？　西欧文明とは何か？　パスの関心は、このように同心円状の広がりを見せながら拡大してゆく。独自の視点から米墨比較論を展開した『くもり空』（一九八三年）のような作品が書かれたのも、さまざまな意味においてメキシコとは対照的な国であるアメリカ合衆国を「鏡」としながら、メキシコ的なものの輪郭を浮かび上がらせようとしたからにほかならない。

さて、アメリカ合衆国から帰国したパスは、一九四六年から五一年にかけて、駐仏メキシコ大使館の文化担当官としてパリに滞在する。シュルレアリスムの立役者として名高いフランスの詩人、アンドレ・ブルトン（一八九六―一九六六年）や、スペインの映画監督ルイス・ブニュエル（一九〇〇―八三年）らと親交を結んだことは、詩人としてのさらなる飛躍のきっかけを与えるものだった。一九五二年には臨時代理大使として東京に滞在、能や俳句をはじめとする日本文化に親しむ（これについてはのちに詳しくとりあげる）。その後、ジュネーブ滞在を経てメキシコに帰国したパスは、詩人として、あるいは批評家として精力的な活動をつづけた。一九六二年にはメキシコ大使としてインドに赴任、本業のかたわらヒンドゥー教やタントラ、チベット密教、サンスクリット文学、仏教美術、古代インド神話などを研究する。このときの体験は、ひるがえって自国の伝統文化や、マヤやアステカをはじめとするメキシコ古代文明の遺産を見つめなおす目を養うことになった。

一九六八年十月二日、オリンピック開催を目前に控えたメキシコシティーでは、学生や労働者を主体とする大規模な反政府デモが発生、メキシコ政府は軍隊を投入して武力鎮圧を行なった。多数の犠牲者が出たこの虐殺事件に抗議して、パスは同年、インド大使を辞任する。彼がけっして書斎に閉じこもるタイプの知識人ではなく、現実世界とのかかわりをつねに意識しながら実践的な批判を繰り広げることを信条とする文学者であったことがうかがえる。

大使の職を辞してからも、ケンブリッジ大学やテキサス大学に招かれて精力的に講演をこなすなど、その国際的な活躍ぶりは衰えをみせなかった。一九七二年には、T・S・エリオットやE・E・カミングス、ストラヴィンスキー、ホルヘ・ルイス・ボルヘスといった錚々たる面々が講師を務めたことでも知られるハーバード大学のチャールズ・エリオット・ノートン講座に招かれ、詩についての講義を担当している。一九八四年には国際交流基金の招きにより三十余年ぶりの来日を果たし、ラテンアメリカ文学に関する講演等を行なっている。一九九〇年には、「感覚的な知性と人文主義的な誠実さに裏打ちされた幅広い視野にもとづく情熱的な創作活動」が評価されノーベル文学賞を受賞、一九九八年に八十四歳で他界するまで、二十世紀スペイン語圏を代表する知の巨星としての輝きを放ちつづけた。主要な作品の多くはフランス語や英語をはじめとする外国語に翻訳されており、日本語で読むことのできる作品も少なくない。

3　詩とは何か？

歴史学や人類学、社会学、民族学、神話学など、多岐にわたる知の領域を自在に行き来しながら柔軟かつ壮大な思考を繰り広げたパスだが、その活動の中心をなしていたのはやはり詩であった。生涯を通じて数々の詩を手がけたのはもちろん、批評や評論などの散文作品も、明晰な論理的思考と同時に、あるいはそれ以上に、詩人ならではの鋭い直観に裏打ちされた軽やかな詩的飛躍を特徴としている。では、彼にとっての詩、あるいは詩的体験とはどのようなものだったのだろうか？

パスは、「詩とは何か？」、「自分はなぜ詩を書くのか？」、「詩を書く自分とはいったい何者なのか？」といった問いをつねに繰り返しながら創作にいそしんだという点で、書くことにきわめて自覚的な詩人だったといえる。その問いに答えるべく書かれた詩論もいくつか発表している。『弓と竪琴』（一九五六年）、『泥の子供たち』（一九七四年）、『もうひとつの声』（一九九〇年）の三部作がとくに有名だが、彼はこれらの詩論のなかで詩をめぐる自身の考えを述べている。

まずは、パスの詩論の根幹をなす言葉を引用してみよう。「〈詩的〉イメージは、相互に対立している、あるいは関連性のない離れた現実を近づけ、結びつける[3]」。パスによると、「詩人は事物に名を与える

――これは羽毛であり、あれは石である。そして不意に断言する――石は羽毛であり、これはあれである。〔中略〕重いものは軽いものである」[4]。パスが唱える「対立物の一致」の法則は、あらゆる二項対立の解消をめざしたシュルレアリスムの美学に着想を得たものだが、彼はそこに、詩、あるいは詩的体験が有するもっとも重要な働きを見出している。私たちが生きている日常的な世界では、石はあくまでも石であり、羽毛はどこまで行っても羽毛でしかない。それぞれの事物が自らの境界を乗り越えて他者と交わることはけっしてない。ところが、詩的と呼ばれる状態に達した詩人は、異なる複数の要素を結びつける「対立物の一致」の法則を手にし、それを用いることで言葉の宇宙を創造する。パスの詩を論じた松浦寿輝の表現を借りれば、「パスによる対立項の同時肯定」は、「あらゆる二律背反を敵視し、それを高次の溶融状態に統合」することをめざすものである[5]。

詩をめぐるパスのこうした考え方は、一義的な意味の受け渡しに終始する日常的な言語活動の対極に詩を位置づけるものといえるだろう。彼によると、言葉は本来、複数の意味内容を同時に含みこむ「意味の複合体」であるはずで、詩人は、言葉の多義性を回復することによって、やせ細ってしまった人間の言語の営みに息を吹き込むことを自らの使命とする。

以上のような考えを踏まえながら、パスはさらに大胆な詩論を展開する。「他者性」の概念と呼ばれるものがそれである。「われわれがみな孤独なのは、われわれが二つになっているからである。未知の人、すなわち他者は、もう一人のわれわれである」[6]。パスによると、私たち人間は、「もう一人の自分」から切り離された不完全な存在である。あたかも宙を漂う断片のように、不安定な状態におかれている私たちは、詩的体験を通じておのれの孤独を乗り越え、「もう一人の自分」である「他者」を取り戻す。このようにして、自我と他者に分裂する以前の本来の自己を回復するのだ。パスはこう述べている。「読者が真に詩を体験しなおすたびに、彼は詩的と呼びうる状態に達するのである。その体験は様々な形をとりうる。しかしそれは常に自身を乗り越えること、何か他者になるために時間の壁を取り壊すことである」[7]。そして次のような結論を導き出す。「〈他者〉になることは、われわれの本性、あるいは本然的条件を回復することに他ならない」[8]。自己と他者がそれぞれの限界を乗り越え、高次の溶融状態のなかで統合される世界。パスがめざした究極の詩境とはこのようなものであった。

ところで、パスが主張する対立物の一致は、詩のみならず、彼の思考のすべてを支える礎石のひとつでもあった。たとえば、現代社会が抱えるさまざまな問題を克服する有力な手段のひとつとして、パスは詩の力に注目する。パスによると、いまや現代人の生活のあらゆる局面を支配するにいたった市場原理は、「顔も魂も方向性ももたない経済プロセス」として、際限のない人間の欲望を満たすことを至上命題としている。それは、血の通わない非人間的な効率至上主義に促され、文学作品はもちろん、芸術や思想、感情、愛、ときには人間存在そのものさえ単なる消費の対象に変えてしまう。盲目的な生産と消費のプロセスが自然環境の破壊をはじめとする深刻な問題を引き起こしていることは周知のとおりである。こうした状況において詩の役割とは何か？

すでに見たように、詩、あるいは詩的想像力は、相反するものの一致の法則を通じて、生気に満ちた小宇宙としての言葉の世界を織り上げる。それは、あらゆる天体が有機的な関係によって密接に結ばれている宇宙空間のような世界である。パスはこれを「宇宙的友愛」と名づけ、人間社会のあるべき姿の手本として、「技術と市場に対する解毒剤」になりうるものだと主張する。(9) もし詩が存在しなければ、あるいは友愛の精神がなければ、私たちは非人間的な市場の横暴にさらされ、ひいては人類の存続が脅かされることにもなるだろう。

詩の力に寄せるパスの信頼は、同時代の問題に無関心ではいられない詩人のひたむきさと純粋さ、情熱を物語るものといえるだろう。内面的な営みとしての詩的体験と、現実世界に真正面から向き合う批判精神。両者が交わる地点に進んで身をおこうとする姿勢こそ、詩と社会の接点を求めてやまなかったパスの歩みを根底から支えるものだった。

彼の現代文明批判については、さらに以下の点をつけ加えておく必要があるだろう。パスによると、これまでの人間社会の営みを支えてきた時間概念には、大きく分けて三つの類型が存在する。ひとつは、古代文明や未開社会などにみられる周期的な時間、すなわち、時間は円環を描いて回帰し、始原の時に戻るとする考えである。二つめは、始点から終点に向かって時間が直線的に流れていくとするユダヤ・キリスト教的な時間概念である。矢のように一直線に進んでいく時間は、やがて最後の審判という終点に達し、未来もなければ何事も起こらないという「永遠の現在」に溶けこむ。そして三つめが、現在の私たちを支配する進歩史観にもとづく時間概念である。これは、過去から未来に向けて時間が連続的に流れていくと考えるユダヤ・キリスト教的な時間概念を土台とするものだが、「永遠の現在」は存在せず、果てしない未来に向かって時間がどこまでも流れていくと考える点で、両者は決定的に異なる。それはけっして完成することのない時間、終わりのない時間である。歴史を導く原理は未来であり、そこへ到達するための進歩である。私たちが生きる現代社会は、なによりもまず進歩の原動力である変化を求める。しかし、こうした時間概念はそろそろ終わりを迎えつつあるのではないか。科学技術の盲目的な進歩は、有機的な生態系に支えられた自然環境の破壊を招き、高度な技術を駆使した核兵器の開発競争は人類の存続を脅かしている。従来とは違った新しい時間概念がいまこそ求められているのではないか。パスはこのように考え、きたるべき世界における詩の役割とは何かと問いかける。『もうひとつの声』をはじめとする一連の著作は、さまざまな角度からこの問題へのアプローチを試みたパスの思索が生み出したものといえるだろう。

4　日本との出合い

作家でありジャーナリストでもあった祖父が日本人の庭師を雇っていたことから、日本への漠然とした憧れを幼少のころから抱くようになったというパスは、一九五二年に初めて日本を訪れる。当時の日本は、敗戦後の連合国による占領を経て、同年の対日講和条約の発効とともに主権を回復、国際社会への復帰を果たしたばかりだった。連合国を支持したメキシコは太平洋戦争が勃発した一九四一年に日本との外交関係を断ったが、五二年に国交を回復、在日メキシコ大使館の開設準備のため、当時三十八歳のオクタビオ・パスを東京に派遣した。メキシコの外務大臣へ宛てたパスの書簡には、「〔日本の〕外務省の役人の礼儀正しさ、心づかいにたいへん驚かされました[10]」と書かれている。

このときの滞在は半年ほどだったが、それ以前からすでに日本への関心を抱いていたパスは、その後も和歌や俳句、能をはじめとする日本の伝統文化への造詣を深めていった。日本に関するパスの発言をみると、彼が本質的な部分で日本文化を理解していたことがわかる。たとえば、俳句をはじめとする日本の詩歌について、パスはこのように述べている。「私が日本の詩の伝統のなかに発見したものは、第一に、凝縮の思想であり、第二に、最後まで言いつくしてしまわないという未完成の思想です。つまり、言外にとどめ残したままにすること、それをすべて言いつくしてしまわないこと……。〔中略〕日本の詩は、ほんの少しの言葉を用いながら、きわめて密度の高いことを表現します[11]」。

これと同じ趣旨の発言は、人類学者の山口昌男（一九三一―二〇一三年）との対談にもみられる。山口は、大江健三郎と同じくコレヒオ・デ・メヒコで教鞭をとったこともあるほどのメキシコ通として知られるが、パスについて、「世紀に何人かという私が深い共感を寄せ、没頭できる人[12]」と述べている。山口との対談のなかでパスは、饒舌や雄弁に傾きがちなスペイン語圏の文学と対比して、和歌や俳句における言葉の節約や沈黙の美学に言及し、そこから少なからぬ刺激を受けたことを認めている。山口は、鼓の音と音のあいだの「間《ま》」が音そのものよりも重要な瞬間があるという能の例を引き合いに出し、日本の詩歌における暗示や余情の効果に着目したパスの見方に賛同している。

パスはさらに、「俳句の伝統」と題されたエッセーのなかで、日本の美的伝統に一貫して流れる「未完成の思想」に光を当てている。日本文学研究者として名高いドナルド・キーン（一九二二年―）が挙げているシスティーナ礼拝堂と龍安寺の石庭の例を踏まえながら、パスは、すでにできあがったものとして存在している前者に対し、いわば未完成の状態で投げ出され、鑑賞者による「作りなおし」に委ねられている後者のあり方に注目している。石庭を前にした鑑賞者は、おのおの想像力を働かせながら、未加工の石の空間に自分なりに手を加え、完成に導かなければならない。パスによると、こうした「未完成の思想」こそ、詩歌や絵画、能、茶道をはじめとする日本の伝統芸能の本質を形づくるものだという。およそ詩的とはいえない平凡な事物をうたっただけの俳句にしても、そこに含まれる深遠な意味を引き出し、それを芸術の域にまで高めるのは、俳句を鑑賞する読者の役割である。読者の積極的な参加を得ることによって、わずか十七文字の言葉の連なりは、日常を超えた光輝を発する。芭蕉について述べたパスのつぎの言葉は、読者による詩の再創造の秘密をあますところなく語っている。「芭蕉は私たちにすべてを言わない。いくつかの材料を、火花を起こすのに十分なだけの材料を与えてくれるだけである。それは旅への誘いであり、私たちは自分の足を使って旅をしなければならない(13)」。

芭蕉へのパスの傾倒ぶりを示すものに、『奥の細道』のスペイン語訳がある。それは以下のような経緯によって実現された。一九五二年、第二次世界大戦後初めてメキシコシティーに日本大使館が開設される。日本の国際社会への復帰に力を尽くすことが大使館の当面の任務であった。それを後押しすべく援助の手を惜しまなかったのが、当時、半年間におよぶ東京滞在を終えてメキシコへ帰国したばかりのオクタビオ・パスだった。彼はそのころ、メキシコ外務省国際機関局の次長として働いていた。一方、日本からは、豊かな文学的素養の持ち主であり、のちにスペイン大使を務めることになる若き外交官、

Matsuo Bashô, *Sendas de Oku*, Atalanta, 2014
（『奥の細道』スペイン語訳）

林屋永吉が現地へ派遣されていた。仕事を通して知り合ったふたりはたちまち意気投合し、浮世絵版画展や日本をテーマにした講演会の企画などを通じて次第に親交を深めていった（ちなみに林屋は、マヤ神話『ポポル・ヴフ』や『コロンブス航海誌』の邦訳者としても知られる）。

ある日、パスは林屋に、松尾芭蕉の『奥の細道』のスペイン語訳を一緒にやらないかともちかけた。林屋は迷うことなくこれを受け入れ、日墨交流史に新たなページを刻むことになる文化事業がこうして走り出した。共同作業は、最初に林屋が芭蕉の原文を可能なかぎり忠実にスペイン語に訳し、つづいてパスがそれに適宜修正を加えながら詩的体裁を整えていくという方法がとられた。すでに日本の俳句に慣れ親しんでいたパスは、抑制された単純さを旨に推敲を重ねた。そして一九五七年、ついに『奥の細道』のスペイン語訳が *Sendas de Oku* のタイトルで刊行され、さらにその十三年後、パスによる新たな修正が施された改訂版が発表された。この改訂版については興味深いエピソードが伝えられている。

改訂版の原稿に目を通した林屋は、その出来ばえに深い満足を覚えたが、ひとつだけ理解できない箇所があった。それはかの有名な「閑《しずか》さや岩にしみ入る蟬の声」という一句で、初版では原文に忠実に“quietud”（静けさ、平穏）と訳されていた「閑さや」が、改訂版ではなぜか“tregua de vidrio”（ガラスの休戦）となっていたのである。疑問を感じた林屋はさっそくパスに問い合わせの手紙を送った。すると次のような返信が届いたという。「いかなる翻訳においても直訳はありえないし、直訳しうるはずがないことを理解してほしい。ポール・ヴァレリーが言ったように、異なる手段を用いて類似の効果を出さねばならない⒁」。

改訂版の巻末には、「閑さや」の語釈をめぐる一頁半にわたる詳細な註が付されていた。パスはそこで、英語とフランス語の五つの先行訳を参照しながら、自身が手がけた翻訳の正当性について丁寧な解説を試みている。英訳のひとつでは“such stillness”となっている「閑さや」を、パスはなぜ「ガラスの休戦」と訳したのか。彼はあらまし以下のように述べている。

芭蕉は、物質（＝岩）と非物質（＝蟬の声）、音（＝蟬の声）と沈黙（＝閑さ、岩）、可視（＝岩）と不可視（＝蟬の声）、堅固さ（＝岩）とはかなさ（＝蟬の声）、現在（＝蟬の声）と永遠（＝岩）といった相反する二つの要素を並置している。それらは瞬間的な不動、静止のなかで溶け合う。それは自然界における一瞬の静止であり、十七文字が終われば霧散してしまうような、束の間の瞬間である。この一瞬の静止を表すものが「休戦」にほかならない。これは自然界のみならず、詩人の意識における休止、休戦の瞬間でもあり、ガラスのように透明な沈黙に包まれている⒂……。林屋は、パスの説明を完全に理解することはできなかったものの、本当の意味を伝えようとして真剣にことばと向き合う詩人の姿に深い感銘を覚えたと述懐している。

詩人としての感性を武器に、直訳ではとらえきれない句意をつかみとり、日常的な現実の背後に隠された深遠な意味を浮かび上がらせようとしたパス。「ガラスの休戦」という斬新な表現には、あるいはシュルレアリスムをはじめとする前衛詩の影響が認められるのかもしれない。いずれにせよ、パスという異国の文学者の参加を得て、多様な解釈にむけて開かれた芭蕉の句はひとつの形を与えられた。読者の意表をつく「ガラスの休戦」という表現に導かれ、私たちは芭蕉の句のみならず、その背後に横たわる日本の美意識の伝統を別の視点から見つめなおすことになる。パスは、日本の俳句を異言語の地平に引き出し、創造的な解釈を加えつつそれを「異化」することによって、日本人でさえ気づかなかったような新しい見方を提示したのである。パスと親交があったドナルド・キーンは、パスについて、「どの地にいようと、その地の文化の建設的で有益な側面や、美と豊かさに気づく特異な才能をもっていた」と述べ、「自ら接近する社会と対話し、その社会を豊かにできる人」だったと回想している。[16]「ガラスの休戦」という表現の是非をめぐる議論はさておき、『奥の細道』を生み出した日本の詩歌の伝統は、パスという対話者の協力を得て確実に豊かになったのである。

パスと交流があった日本人には、ほかにも詩人の大岡信（一九三一年—）や作家の大江健三郎、安部公房（一九二四—九三年）などがいる。大岡信は、パスに捧げた詩（「パスの庭で」）を書いており、大江健三郎は、パスの著作を参照しながら自身の小説作法について論じた文章（「小説の周縁」）を発表している。川端康成（一八九九—一九七二年）との対談の話も持ち上がったが、これは残念ながら川端のガス自殺により実現されなかった。

5 「あいだ」に身をおきながら

オクタビオ・パスがその美しさや豊かさを見出した文化は、もちろん日本だけにとどまらない。すでに述べたように、フランスやアメリカ合衆国、インドをはじめとする豊富な海外体験を通じて、その地の文化や歴史を貪欲に吸収しただけでなく、積極的な参加を通じて実り多き対話を繰り広げたのである。皮相な観察にとどまらない深い理解にもとづく異文化体験は、ひるがえってメキシコの本質を見極める目を養うことになった。自国と他国のあいだを絶えず往還する運動こそ、国際的な知識人としてのパスの歩みを支える原動力だったのである。

この「あいだ」に身をおくというのは、パスの思考の基本的な様式ともいうべきものだった。彼が自らのアイデンティティの拠り所としたメキシコにしても、スペインによる植民地支配がもたらしたヨーロッパの伝統と、それ以前から存在する先住民の伝統のあいだに位置する国だといえるし、両者の流れをともに受け継ぐメスティソが、メキシコ的なものの根幹を形づくる存在であることはあらためて繰り返すまでもない。ヨーロッパと非ヨーロッパのあいだに身をおくことによって、メキシコは多様性と活力に満ちた文化をはぐくんできたのである。パスが、西欧文化の影響を受けつつそれを相対化する視点をもちえたのも、そんなメキシコのあり方と無縁ではないだろう。西欧の思考の限界にとどまることなく、インドや日本をはじめとする東洋の思想や古代メキシコの神話の世界に分け入り、独創的な思考を繰り広げることができた理由もそこにある。西洋と東洋のはざまに身をおきながら、ときには両者の交点を見定めつつ刺激的な知の冒険に乗り出したパスの足跡は、詩のみならず、文芸評論や政治、社会評論など、透徹した批評眼が随所に光る散文作品からもうかがい知れる。

最後に、パスの詩の一節を引用して本章の締めくくりとしたい。『内なる樹』と題された作品集のなかの以下の詩篇からは、詩人であることにつねに自覚的だったパスの姿をかいま見ることができる。

la poesía
　　Se desliza
entre el sí y el no:
　　　　　dice
lo que callo,
　　　calla
lo que digo,
　　　　sueña
lo que olvido
〔……〕

la poesía
va y viene
entre lo que es
y lo que no es.[17]

詩
それは肯定と否定のあいだを
縫い
私が黙す何かを
言い
言う何かを
黙し
忘れる何かを
夢見る
〔……〕
詩は
往還する

詩であるものと
詩でないもののあいだを(18)

■注

(1) オクタビオ・パス「詩と哲学と愛」曾根尚子訳、『季刊 iichiko』第一八号、日本ベリエールアートセンター、一九九一年、四四頁。訳文は文脈にあわせて表現を一部あらためた。

(2) オクタビオ・パス『大いなる日々の小さな年代記』曾根尚子訳、文化科学高等研究院、一九九三年、二三〇頁。訳文は文脈にあわせて表現を一部あらためた。

(3) オクタビオ・パス『弓と竪琴』牛島信明訳、岩波文庫、二〇一一年、一六四頁。

(4) 同前、一六五頁。

(5) 松浦寿輝「大いなる一元論」同前所収、五二五、五三一頁。

(6) 前掲『弓と竪琴』、二二四頁。

(7) 同前、三九頁。

(8) 同前、二二六頁。

(9) オクタビオ・パス『もうひとつの声』木村榮一訳、岩波書店、二〇〇七年、一八一―一八二頁。

(10) 在日メキシコ大使館編『条約から条約へ――墨日関係史ノート』メキシコ大使館、二〇〇五年、二六頁。訳文は文脈にあわせて表現を一部あらためた。

(11) 前掲「詩と哲学と愛」、六六頁。訳文は文脈にあわせて表現を一部あらためた。

(12) 山口昌男、オクタビオ・パス対談「詩・エロス・宇宙」、『海』、一九七八年三月特大号、中央公論社、二九三頁。

(13) Octavio Paz, "La poesía de Matsuo Basho", Matsuo Basho, *Sendas de Oku*, edición de Octavio Paz y Eikichi Hayashiya, Girona. España: Ediciones Atalanta, 2014, p.51. 訳文は拙訳による。

(14) 林屋永吉「パスと Sendas de Oku(『奥の細道』)」阿波弓夫・伊藤昌輝訳、オクタビオ・パス『太陽の石』阿波弓夫・伊藤昌輝・三好勝監訳、文化科学高等研究院出版局、二〇一四年、九四頁。訳文は文脈にあわせて表現を一部あらためた。

(15) Matsuo Basho, *op. cit.*, pp. 183-185.

(16) ドナルド・キーン「常軌を逸した東洋通」松山彦蔵

訳、前掲『太陽の石』所収、八三、八七頁。

(17) Octavio Paz, *Árbol adentro*, Barcelona, Seix Barral, 1987, pp.11-12. 引用は"DECIR : HACER"と題された詩の一節から。

(18) オクタビオ・パス「言うこととすること」(『内なる樹』より) 野谷文昭訳、『中央公論 文芸特集』第八巻第二号「特集オクタビオ・パス 世紀末から未来にひびく詩の光源」中央公論社、一九九一年、五二—五三頁。訳文は文脈にあわせて表現を一部あらためた。

■推薦図書

在日メキシコ大使館編『条約から条約へ——墨日関係史ノート』メキシコ大使館、二〇〇五年

日墨経済連携協定(EPA)の発効に際して在日メキシコ大使館が編纂した本書は、日本とメキシコの外交史を通観する文章を日本語とスペイン語で収録している。写真資料も充実しており、本稿冒頭の日墨関係の記述に際して参照させていただいた。

オクタビオ・パス『鷲か太陽か?』野谷文昭訳、書肆山田、二〇〇二年

初版がメキシコで刊行されたのは一九五一年、オクタビオ・パス三十七歳のときである。収録された作品はすべて外交官としてパリに滞在しているときに書かれた。短篇小説や詩的散文ともいうべき掌篇が数多く収められている。言葉との格闘を繰り広げる詩人をうたったものや、パスの詩の中核をなす「他者性」をテーマにした作品も含まれる。

オクタビオ・パス『孤独の迷宮』高山智博・熊谷明子訳、法政大学出版局、一九八二年

一九五〇年に発表されたパスの代表的論考のひとつ。「メキシコとは何か?」をテーマに示唆に富む議論が展開されている。「孤独」をキーワードにメキシコ(人)の本質を読み解こうとする本書は、「情熱と理性の人」であるパスの若々しい探究心が息づいている。

オクタビオ・パス『太陽の石』阿波弓夫・伊藤昌輝・三好勝監訳、文化科学高等研究院出版局、二〇一四年

アステカの暦石を意味する「太陽の石」をタイトルに掲げたオクタビオ・パスの長篇詩(一九五七年刊行)。本訳書には、オクタビオ・パスの作品をめぐる大岡信やドナルド・キーン、林屋永吉のエッセーなども収録されており、パスの作品世界を多角的に検証することを可能にしてくれる。

オクタビオ・パス『弓と竪琴』牛島信明訳、岩波文庫、二〇一一年

パスの詩の根幹をなす「対立物の一致」と「他者性」の概念が、詩的な味わいに富む散文によってつづられている。詩的な叙情と分析的な思索の見事な融合を実現した本書は、パスの代表作のひとつとみなしうるだろう（一九五六年刊行）。

オクタビオ・パス『泥の子供たち』竹村文彦訳、水声社、一九九四年

一九七二年、パスはハーバード大学のチャールズ・エリオット・ノートン講座に招かれ、詩をテーマに連続講演をおこなった。その際の講演原稿をもとに書かれたのが本書（一九七四年刊行）である。ロマン主義からアバンギャルドにいたる近代詩の歴史を通観しながら詩と社会、詩と歴史の関係を論じた本書は、『弓と竪琴』の続篇にあたる作品である。

オクタビオ・パス『もうひとつの声』木村榮一訳、岩波書店、二〇〇七年

『弓と竪琴』、『泥の子供たち』につづく詩論として構想された本書（一九九〇年刊行）は、市場の論理と文学の関係や、きたるべき世界における詩のありかた、新しい時代の出版産業の役割、テレビ画面や音声などのメディアと詩の関係など、現代的な問題をさまざまな角度から扱っている。

オクタビオ・パス『クロード・レヴィ＝ストロース あるいはアイソーポスの新たな饗宴』鼓直・木村榮一訳、法政大学出版局、一九八八年

フランスの人類学者クロード・レヴィ＝ストロースの思想を綿密にたどりながら、『弓と竪琴』をはじめとする著作のなかで論じられている諸問題を掘り下げた作品（一九六七年刊行）。マヤやアステカをはじめとするメキシコ古代文明の歴史に深い関心を寄せていたパスの文化人類学への接近を物語る論考として注目に値する。

オクタビオ・パス『くもり空』井上義一・飯島みどり訳、現代企画室、一九九一年

一九八三年に発表された本書は、とくにアメリカとメキシコの比較論を展開した章がおもしろい。宗教改革と反宗教改革、排他と包摂、未来志向と過去志向、個人主義と集団主義などの対立概念を用いながら両者の対照性を浮き彫りにしている。

オクタビオ・パス『大いなる日々の小さな年代記』曾根尚子訳、文化科学高等研究院、一九九三年

ベルリンの壁の崩壊や東欧諸国における民主化運動の拡大など、東西冷戦の終焉を迎えつつある世界情勢をテーマにした時事的なエッセーのほかに、インタビューや講演録などが収められている（一九九〇年刊行）。ソ連やキューバ

をはじめとする硬直した権威主義的政治体制への批判や、多様な価値観にもとづく民主主義と自由の擁護など、政治をめぐるパスの率直な考えがつづられている。同時代の出来事と並走しつづけたパスの思考に触れることができるという意味でも貴重な文献である。

オクタビオ・パス『二重の炎　愛とエロティシズム』井上義一・木村榮一訳、岩波書店、一九九七年
パスの作品における重要なテーマのひとつに、愛とエロティシズムがある。古今東西の文学作品を博捜しながら愛とエロティシズムの系譜をたどる本書（一九九三年刊行）は、詩人パスの飽くなき知的探求心が生み出した好著である。

ディアス・コバルビアス『ディアス・コバルビアス日本旅行記』大垣貴志郎・坂東省次訳、雄松堂出版、一九八三年
金星の太陽面経過を観測するために来日したメキシコの天体観測隊隊長ディアス・コバルビアスが書き記した報告書。天体観測に関する記述のほか、日本の生活と文化、日本の歴史、東京の庭園や寺院などを扱った章も興味深い。

大江健三郎「小説の周縁」、『叢書　文化の現在』第四巻「中心と周縁」岩波書店、一九八一年、九―五三頁
この論考のなかで大江健三郎は、山口昌男とオクタビオ・パスの著作を参照しながら、自身の小説作法における「中心と周縁」の問題を掘り下げている。けっして読みやすい文章とはいえないが、「小説とは何か?」という古くて新しいテーマをめぐる問題提起はいまも色あせていない。

ドナルド・キーン『日本人の美意識』金関寿夫訳、中公文庫、一九九九年
日本文化に関する古典的エッセーともいうべき「日本人の美意識」を含む五篇の論考を収録している。暗示、余情、不規則性、簡潔、ほろびやすさなどをキーワードに、日本の伝統文化に一貫して流れる美意識の本質に迫っている。オクタビオ・パスによる日本文化論と比較するとおもしろいだろう。

第4章

ジャン・ルーシュ

(1917–2004)

関係の生成を撮る映像人類学者

岡村民夫

フランスの文化人類学者ジャン・ルーシュは、1940年代半ばから2000年代まで、斬新な人類学的映画を制作し続けた。異文化をどのように表象するべきかという問題に深く向きあった彼は、植民地の原住民を珍奇なモノのように表象する既存の研究姿勢から遠ざかり、彼らとのコラボレーションを通して、まなざし・パフォーマンス・感情をフィルムに生き生きと刻印することに腐心した。こうした試みは、手持ちカメラによる即興撮影や長まわし・登場人物による自由なナレーション・虚構の導入など、表現形式上の冒険へ展開し、1950年代末以降、ドキュメンタリー映画や「ヌーヴェルヴァーグ」に多大な影響を与えた。そしてルーシュは、1960年代末以降、撮る者が撮られる者と互いに触発しあい共に変化するなかで、その変化そのものを撮るという方法論を説き、「映像人類学」という新分野を基礎づけた。彼の仕事と人生は、異文化の表象行為が、新たな現実の創造になりえることを教えてくれる。

1　どのように異文化を表象するべきかという問い

文化人類学とは、「異文化コミュニケーション」をめぐる問題群と「表象」をめぐる問題群が、もっとも厄介なかたちで交差する学問分野だということができるだろう。なぜなら、第一に、文化人類学は、十九世紀中葉、西洋列強の植民地主義を背景に、宗主国の学者による植民地の「未開人」の研究を通して形成されたキナ臭い学問だからであり、第二に、比較や解釈の前提として、なじみのない神話・儀礼・生活様式などを文章やスケッチによって表象する作業、すなわち「民族誌（ethnographie）」の作成を必要としたからである。

二十世紀初頭まで、文化人類学は、陰に陽に植民地主義を補強する役割を担っていた。民族誌は、原住民を効果的に統治する政策を考えるうえで有益な基礎資料として価値づけられ、現地調査や資料収集は、たいてい宗主国側の官吏・軍関係者・探検家・宣教師などが担った。また「未開人」の民族文化を研究・解釈する権利は、「文明人」である西洋人のみが持つと当然のごとく見なされ、原住民は知の「主体」ではなく「対象」として処遇されてきた。

しかし、第一次大戦以降、西洋においても植民地主義や西洋中心主義が問題視されるにつれ、そうした研究姿勢を懐疑する学者や、異民族の芸能や造形物のうちに芸術の本来あるべき姿を求めたり、彼らとの親密なコミュニケーションのうちに西洋的規範の束縛から脱け出すチャンスを求めたりする学者が、少しずつ現れるようになった。他方、この時期は、学者自身による「フィールドワーク」が重視されだした時期でもあり、動きや細部を即物的に記録する映画がうさん臭い媒体と警戒されつつも、文化人類学を刷新する可能性を秘めた新兵器として採用されはじめた。そしてこれら二つの潮流は二十世紀半ばに交わり、映画や写真を民族誌の主要ツールに用いながら、映像による表象行為自体をも考察対象とする新分野「映像人類学（anthropologie visuelle）」を生み出したのだ。

その確立者とされるフランス人学者ジャン・ルーシュ（Jean Rouch）は、「どのように異文化を表象すべきか」という問いをラディカルに突きつめ、従来の民族誌的表象をしりぞけ、様々な境界に揺さぶりをかけながら、新たな流儀の映画と知を創造した。二〇〇四年二月、彼はニジェール共和国にて交通事故により八十四歳で急逝したが、その直前までに撮った映画は、短編が大半とはいえ百二十本を越える。体系的著作こそないが、実作と講義やエッセイを通して、その影響は「民族誌映画（cinéma ethnographique）」という枠から溢れ、劇映画にまで及び、映画史に変化をもたらした。彼の人生と仕事を省みることは、フィールドワークの場となった西アフリカについての知識を得る役に立つだけではなく、植民地主義に対する生産的反省や、「異文化コミュニケーション」を通した生き方の模索、映画が内包する可能性の再発見などにもつながるだろう。

ちなみにフランスでは非西洋的な民族文化の研究を、「文化人類学（anthropologie culturelle）」とアメリカ式に呼ぶよりも「民族学（ethnologie）」と呼ぶのが一般的である。したがって以下ではもっぱら「民族学」という名称を用いることにする。

2　映像人類学者の誕生

ジャン・ルーシュは、一九一七年五月三十一日パリで、気象学者・海洋学者・探検家だったジュール・ルーシュと、生物学者・探検家のルイ・ガンを兄弟とするリュス・ルーシュとのあいだに誕生した。父親や叔父が学者＝探検家だったことは、将来に大きく影響したに違いあるまい[1]。港町ブレストに住んでいた六、七歳のとき、南極探検の経験がある父親に連れられ、彼は映画館で初めての映画として『極北の怪異（極北のナヌーク）』（一九二二年）を観ており、後年この出会いを運命的なものとして繰り返し語ることになる[2]。『極北の怪異』は、カナダの北極圏を測量や資源調査のために探検していたロバート・フラハティ（一八八四—一九五一年）が、ハドソン湾周辺のツンドラ地帯でのイヌイットの生き方を世の中に知らしめたいと思い、狩猟名人のナヌークと一年間ともに生活しながら、みずから撮影・編集した映画だ。初期ドキュメンタリーの傑作であり、学術的厳密さを欠くとはいえ、民族誌映画の先駆けでもある。

また、父の仕事の事情で、アルジェやカサブランカに数年住んだことは、アフリカへの関心をもたらしたことだろう。

一九三二年、ジャン・ルーシュはパリへ戻り、高校を終えると、一九三七年、父の意向にしたがいテクノクラート養成の名門、国立土木学校に進学した。パリでの学生時代は、映像人類学者となるための基礎教養を図らずも身につけた予備期間となった。サルヴァドール・ダリ（一九〇四―八九年）と出会い、シュルレアリスム（超現実主義）の絵画や文学を知った。映画熱が嵩じ、映画収集家アンリ・ラングロワ（一九一四―七七年）が一九三六年に創設したシネマテーク・フランセーズの会員となり、多様な国・年代・ジャンルの映画を楽しむようになった。デューク・エリントン（一八九九―一九七四年）とルイ・アームストロング（一九〇一―七一年）の共演を聴き、ジャズ・ファンにもなった。本屋でドゴン族（西アフリカのマリの断崖地帯に分布する部族）の仮面や彫刻の写真を目にし、魅了された。ちなみに、西洋的合理主義やキリスト教的道徳を批判し、夢・幻想・狂気・偶然などのうちに狭義の現実を越えた真の現実を探求するシュルレアリスムには、アフリカの民族文化を讃え、植民地主義を批判するという政治的側面があった。

かくして一九四一年、ルーシュは土木学を学ぶかたわら、パリ大学ソルボンヌ校や国立人類博物館でマルセル・グリオール（一八九八―一九五六年）の講義を聴講しはじめる。グリオールは、一九三一年から三三年にかけて、アフリカを横断する大規模な民族学調査団を主導し、映画カメラでドゴン族を記録しており、フランス最初のフィールドワーク民族学者にして民族誌映画作家である。

フランスがナチスドイツに占領された翌年の一九四一年、土木学校を卒業したルーシュは、フランス領西アフリカへ道路工事の現場監督として赴任した。そして四二年、ニジェール（共和国として独立するのは一九六〇年）の中心都市ニアメで、運命を変える出来事に出会う。現地人労働者が落雷に打たれて倒れたおり、ソンガイ族の老女が雷の精霊の災いを祓うために執り行った憑依儀礼を目の当たりにし、さらにしばらくのち、水の精霊のせいで溺れたとされる者をめぐる憑依儀礼にも立ち会ったのだ。この思いがけない体験は、彼のうちに民族学を本格的に学びたいという情熱をかき立てた。

一九四四年夏、フランス本土を北上する連合軍に加わり、除隊するや、パリ大学ソルボンヌ校に登録し、グリオールやマルセル・モース（一八七二—一九五〇年）の講義を受講した。一九四六年、学位を得ると、ルーシュは国立土木学校の学友やソンガイ族の友人たちを誘い、全長四二〇〇キロにおよぶニジェール河を数か月かけて丸木舟で下る学術探検を敢行し、ソンガイ族のカバ狩りや憑依儀礼などを中古の十六ミリカメラで撮影した。四七年、彼はそのラッシュを、師のグリオールほか、アンドレ・ルロワ＝グーラン（一九一一—八六年）、元シュルレアリストのミシェル・レリス（一九〇一—九〇年）、クロード・レヴィ＝ストロース（一九〇八—二〇〇九年）など錚々たる民族学者に披露し、パリで開催された第一回国際民族誌・人文地理学映画会議に参加した。翌年には国立科学研究センター研究員となり、人類博物館や現代アフリカ・アジア研究センターでソンガイ族に関する講義をはじめる。映像人類学者ジャン・ルーシュの誕生である。

以来、ルーシュは西アフリカとフランスを頻繁に行き来しながら、毎年コンスタントに民族誌映画を制作し、合間をぬって博士論文『ソンガイ族の宗教と魔術』を執筆し、一九五二年、博士号を取得、一九五三年、パリの民族学者やラングロワらと共に民族誌映画委員会を人類博物館内に設立した。

民族誌映画も含め、従来のドキュメンタリー映画が、もっぱら三脚を用いて撮影されていたのに対し、ルーシュは早くから三脚をほとんど用いず、カメラを手で持って（または肩に乗せて）撮影した。きれいな画質やきっちりした構図は不可能になるが、被写体の動きに即応したカメラの即興的で自由な運動が可能になり、撮られる側と撮る側のテンションや情動、すなわち広義の「共感」がじかに映像に刻み込まれた。

撮影に関するルーシュのルールは、撮影許可を取り、撮影されていることを知っている人々を撮影すること、および撮影した映像を彼らに披露することである。この倫理的態度は、撮影行為についての自省を促し、しだいに形式的工夫へと展開する。

初期作品の場合、カメラマンはルーシュ一人でワンテイク二十五秒しか撮れないカメラを使っていた。それなのに重要な瞬間がはずされていない。彼は現場でフットワークよく動きまわりながら撮影をし、撮ったフィルムからピックアップした要所を編集したに違いない。その結果、軽快で簡潔な短編が多くなるとともに、出来事に対する多角的視点がもたらされているように思われる。

こうした革新の背後には、ルーシュの性格や価値観だけではなく、映画機材の技術革新がある。第二次世界大戦頃までドキュメンタリー制作でも、もっぱら巨体の三十五ミリカメラが用いられていた。画質が良い半面、極めて高価で、重すぎて手持ち撮影ができず、操作も難しく、熟練と助手を必要とした。ところが第二次世界大戦以降、戦場の記録と報道のために、安価で軽便な十六ミリカメラの開発が進み、手持ち撮影が可能になった。カラーフィルムが手の届く値段になったという変化の意義も大きかったはずだ。ルーシュ作品はほとんどがカラーである。

一九五〇年代には、録音面でも画期的変化が見られた。直接的に撮影フィルムに録音する光学録音方式（映画カメラの重量化の一因だった）にかわり、テープレコーダーによって磁気テープに録音する方式が開発され、録音機の軽量化も進んだのだ。モーターの回転にむらがあったので映像との同期は難しかったが、生録音がたやすくなった。こうした新規のカメラや録音装置の可能性を最大限引き出したのが、ルーシュの初期映画にほかならない。

『狂気の導師たち』（一九五四年／一九五七年度ヴェネツィア国際映画祭短編部門大賞）を例にとり、もう少し詳しく初期の作風を述べておこう。これは、内陸のニジェールから近代化・都市化が進んでいたギニア湾沿岸へ流れこんだ移民についての持続的調査から生まれた映画の一つであり、イギリス領ゴールドコースト（一九五七年、ガーナとして独立）のニジェール人移民に広まっていた新興宗教の憑依儀礼を主題としている。憑依するのは、もはや伝統的な精霊ではなく、「総督」、「将軍」、「医者の妻マダム・ロコトロ」、「蒸気機関士」、「トラック運転手」など、植民地の歴史から生まれた「新しい神々、都市の神々、技術の神々、力の神々、ハウカ」（ルーシュによるナレーション）である。つまり、この民族誌映画は、西洋人による被植民者の表象に自足せず、逆方向からの強烈な表象を内包しており、観る者に二種類の表象の関係を考えさせるのだ。

トランス状態に入った信者たちは、痙攣し、口から泡を吹いているにもかかわらず、相当しっかり周囲を認識しており、打楽器や弦楽器の伴奏とともに操り人形めいたステップで広場を歩きまわったり、一か所に集まり、犠牲に捧げた犬を煮て喰うか生で喰うかを大声で議論したりする。煮た犬の肉を共食するクライマックスのあと、『狂気の導師たち』は、翌日の彼らの穏やかな日常の映像によってユーモラスにしめくくられる（「将軍」は歩哨をし、「総督」や「蒸気機関士」は路肩で土木作業をしている）。にこやかにカメラに微笑みかける姿を見れば、彼らが病的な狂人などではないということがよくわかる。

「ハウカ」の憑依は、台本や演出家なしの演劇、昂揚した参加者が互いに触発しあいながら展開する即興劇でもある。このことは、映画表現の観点からも興味深い。ルーシュのカメラは、つぎつぎと連鎖的に生じる即興的パフォーマンスを様々な間合いや角度から撮影し、憑依儀礼の集団的興奮やリズムの変化を見事に表現している。冒頭字幕に明記されているように撮影許可を得ているとすれば、憑依者たちはカメラも意識しながらふるまっており、カメラ＝ルーシュの運動と憑依者たちのあいだにも相互触発的なパフォーマンスが生成していることになるだろう。要するに映画自体が、ジャズにおけるジャムセッションのような、幾重もの即興のかけあいを体現していると思われる。

3　ジャン・ルーシュと映画の新しい波

一九五〇年代半ば以降、ルーシュは学術的映画の制作を継続する一方、先例のない分類困難な映画を幾つも発表し、映画の未知の次元を開拓していった。その特異さと挑発性はこんにちでも摩滅していない。

完成は一九六七年になったが、一九五四年、ニジェール人スタッフ三人が自分たちでつくった物語を即興的に演じる長編『ジャガー』を撮影した。

一九五八年に発表した『僕は黒人』は、フランス領西アフリカのコートジヴォワール（一九六〇年、コートジヴォワール共和国として独立）の大都市アビジャンの郊外トレシュヴィルに住み、アビジャン港でたまに見つかる日雇い肉体労働で生計を立てているニジェール人移民の青年たちの、ありふれた一週間（仕事探し、立ち話、港での積み荷運び、昼食、娼婦のガールフレンドとの海水浴……）を描いたものだが、ルーシュは冒頭のナレーションで、「彼らに自分自身の役を演じてもらうよう提案し、彼らは何でもし、何でも語る権利を持った。こうして私たちは即興したのだ」（強調は筆者）と語っている。主要登場人物の二人の青年は、本名ではなく、「エドワード・G・ロビンソン」（ギャング役で有名なハリウッド俳優）と「エディー・コンスタンチーヌ」（レミー・コーションというアメリカ人シークレット・エージェント役で有名なフランス人俳優）というあだ名によって呼ばれる。そして何とルーシュだけでなく、彼らもまたヴォイス・オーヴァー（オフの声）で映画にコメントをほどこしているのだ。西洋の学者が非西洋の人間を「科学的に」観察し、上位から一方的に表象するという民族誌映画の話法が、ここでは大胆に転倒されているわけである。

映画の音声は、現場での生録音の層と、撮影後に加えられた声や音楽という層から構成され、二層のあいだに複雑な重なりやずれや横断線が生起し、豊かな祝祭的交響となっている。ルーシュの簡潔で客観的なナレーションと対照的に、二人の黒人青年のヴォイス・オーヴァーは、アフリカ風のフランス語で、ラフで、冗舌で、頻繁に変調し、抑揚やリズムにとみ、主観性と感情に溢れている。またナレーション（三人称）とセリフ（一人称・二人称）のあいだを自由奔放に行き来し、ときに叙情的な歌と化す。

おそらく、たいていの文化人類学者は『僕は黒人』を民族誌映画と呼ぶことをためらうだろう。しかし即興的演技という点で、この映画は『狂気の導師たち』の試みを継承し、さらに遠くへ展開したといえる。青年たちは非常に自覚的・積極的に映画づくりに参加している。「エドワード・G・ロビンソン」が自分のボクシングの試合をナレーションし、「僕は世界チャンピオンになったんだ」と語るシーンがある。夢想なことは明らかだが、ルーシュは、彼が審判やコーチをともなって戦い、「世界チャンピオン」をリングに沈めるさまをテレビの試合中継さながらの映像で示しており、作り話に加担している。またルーシュは、「エドワード・G・ロビンソン」が港に停泊中の豪華な船舶に記されたヨーロッパ各国の都市名に触れ、「僕はどこも知っている、オスロではしたい放題だったよ、女の件はいわないけど」などとうそぶくとき、否定も肯定もしない。

西アフリカの「異文化」を研究するルーシュの情熱が冷めてしまったのだろうか。もちろんそうではあるまい。『僕は黒人』におけるフィクショナルなものは、不安定で低賃金の肉体労働を重ね、貧困や屈辱に耐えながらしたたかに生き抜いてきた移民青年たちのリアルなパフォーマンスであり、その根には民衆的口承文化が潜んでいるに違いない。私たちは、現実の自分からずれた自分を表象する青年たちのふるまいや語りに、現実を中立的客観的に表象しただけでは顕われがたい現実、生成する現実、みずみずしい生の運動を感受できる。ルーシュは真/偽の二分法を越えた次元で展開する異文化をダイレクトに記録しているのだ。

ところで一九五〇年代末は、フランスの商業的劇映画の領域でも、民族誌以外のドキュメンタリーの領域でも、革命的変化が生起しつつあった時期であり、ルーシュの映画制作もこうした激動と無関係ではない。

それまで監督もスタッフも俳優も映画会社に所属し、劇映画は映画会社による厳しい管理下で量産されてきた。そのため長期の職人的修行や、プロの脚本家による脚本や、撮影所におけるセット撮影が重視された。ところが五〇年代末、映画マニアや映画批評家からいきなり監督となり、自主制作する青年たちがフランスで一斉に登場して、グループとして活動し、ジャーナリズムによって「ヌーヴェルヴァーグ（Nouvelle Vague）」と名づけられた。彼らは美学的信条や経済的制約から、パリやその郊外でのロケ撮影を主とし、新人俳優や知人を起用し、即興演出を試みた。このヌーヴェルヴァーグの形成や展開に、ルーシュの演劇的要素を内包したドキュメンタリーは深く関与した。

きっかけは、一九四九年夏に海浜保養地ビアリッツで開催された第一回「呪われた映画フェスティヴァル」という風変わりな映画祭だった。ルーシュの短編二本、『割礼』（一九四八年）と『憑依者のダンス入門』（一九四八年）が招待作品として上映され、後者が大賞を獲得した。会場には、十年ほどのちにヌーヴェルヴァーグの監督となる三人の若い映画批評家、エリック・ロメール（一九二〇―二〇一〇年）、ジャック・リヴェット（一九二八年―）、ジャン＝リュック・ゴダールや（一九三〇年―）、ヌーヴェルヴァーグを支えることになる野心的プロデューサー、ピエール・ブロンベルジェ（一九〇五―九〇年）がおり、ブロンベルジェはさっそくルーシュにプロデュースを申し出た。(3) かくして民族誌映画の枠をはみだした特異な映画のほとんどはプレイヤード映画社の支援を得てつくられ、一般公開され、多くの観客の目に触れることになった。

ゴダール、ロメール、リヴェットは、批評やインタビューでルーシュへオマージュを捧げている。とりわけ早くに型破りな独創性を評価し、そこに劇映画を変革しえる起爆力を認めたのは、ゴダールである（これにはゴダールがパリ大学ソルボンヌ校で、中退とはいえ「民族学」を専攻したことも与《あずか》っていよう）。

一九五八年一二月、『僕は黒人』が「もっとも将来性を備えたフランス映画」としてルイ・デリュック賞を獲得するや、彼は『アール』第七〇一号で、「ジャン・ルーシュのこの映画においては、シナリオも撮影も音づけも、すべてが完全に斬新である」と断言し、とくに即興演技と即興ナレーションに注目した――「彼らはルーシュが明らかに手持ちでまわしているカメラの前で、そのつど即興的に演技した。そしてそのあと、この作家はそれらの出演者たちに粗つなぎのフィルムを見せ、それを思いどおりにコメントするよう求めた。才気と自由奔放さにあふれた驚くべきセリフはそのようにして得られたのである」（以下、引用文は適宜微変更する）[4]。ゴダールがヌーヴェルヴァーグのなかで誰よりも映像と音声の関係を革新する監督になることを思えば、いかにも彼らしい評価といえよう。

さらにゴダールは、一九五九年四月の『カイエ・デュ・シネマ』第九四号に発表した「アフリカがあなたに目的と手段を語る」のなかで、『割礼』、『狂気の導師たち』、『水の息子たち』（一九五三年）、『ジャガー』（一九五八年にシネマテーク・フランセーズで未完成版が上映されている）など、ほかのルーシュ作品にも言及し、映画におけるフィクションとドキュメンタリーとの一筋縄ではいかない相関関係を熱っぽく語った。

偉大なドキュメンタリーはどれもみなフィクションに近づこうとする傾向があるのと同様に、フィクションによる偉大な映画はドキュメンタリーに近づこうとする傾向がある。〔中略〕倫理と美学のどちらかを選ばなければならない。これはもちろんである。しかし、この二つの言葉がそれぞれ、もう一方の言葉を含みもっていることもやはりもちろんである。そして一方をどこまでも選びつづける者は必然的に、行き着く先でもう一方を見つけ出す者なのだ。『歴史は女で作られる』と『ジャガー』は互いに正反対の映画である。しかしこの二つの映画は、互いに正当化しあい、互いに援護しあっている。そしてそれは、どちらも純粋な映画、自由な人間がつくった映画だからなのだ。また同様に、『国民の創生』より以上に倫理的な映画はなく、『僕は黒人』より以上にスペクタクル的な映画はないと言うこともできよう。(5)

映画史を振り返ると、一方に美学的追求によって、優秀な機材やスタッフを起用し、愛の戯れをマニエリスティックに表現したマックス・オフュルス（一九〇二―五七年）の劇映画や、奴隷解放がもたらす混乱を大規模なスペクタクルに仕立てたG・W・グリフィス（一八七五―一九四八年）の劇映画が存在し、他方に、フラハティの作品のように、限られた条件で倫理的なものを追求したラフなドキュメンタリーが存在する。ただし、密かな分身かオーラのように、究められた美学的映像は倫理的・現実的なものを帯び、究められた倫理的映像は美学的・人為的なものを帯びる。ゴダールがこの評論で「純粋な映画」に対置し批判しているのは、あざとく意図的に現実感を演出した美学的映画である。付随的で潜在的なものが純粋さの証しとされるのは、そこに監督のコントロールを越えた自然発生的なものがあるからだ。そしてゴダールは、ルーシュのドキュメンタリーに特徴的な人為的設定や構成を、この目的ならざる自発的生成を「目的」とした「手段」（戦略的方法）として受け止めている――「ルーシュは、ロッセリーニにならって行動を可能なかぎり論理的に組み立てたあとは、その行動を撮るだけに満足しているのである」[6]（強調は原文による）。

ゴダールがルーシュ評の直後に撮った長編劇映画第一作『勝手にしやがれ』（一九五九年）のなかに、私たちはルーシュの影響をはっきり見る／聴くことができる。ナレーションはないものの、セリフが不自然にアフレコされており、とくに主人公のチンピラ青年ミシェルの冗舌で、ころころ変わる、うさんくさいトークは、まさに「エドワード・G・ロビンソン」のナレーションを思わせる。ミシェルが盗んだ自動車を運転しながら、ほかに誰も乗っていないにもかかわらず、現れては消える光景や人物について大声で非常に主観的なコメントをしたり、助手席の撮影カメラ＝観客を直視しながら語りかけたりするところは、セリフとナレーションのあわいを行く不思議な言説となっている。しかも、このドライヴを車外から撮ったパンショットは、トレシュヴィルの青年たちがタクシーで海水浴場へ繰り出す際のそれに酷似しているではないか。

『勝手にしやがれ』は手持ちの十六ミリカメラによって、自然光で撮られており、カメラマンはニュース映画を撮っていた若手ラウール・クタール（一九二四年―）（のちにルーシュの『ある夏の記録』に参加）である。概してヌーヴェルヴァーグの監督は長まわしを好むが、ゴダールは同時に斬新なモンタージュの創造に取り組んだ監督である。『勝手にしやがれ』には、長まわしの移動撮影が豊富に見られる一方、つなぎの映像なしに人物の立ち位置が変わったり別の場面になったりする常識やぶりのジャンプカットや、唐突な短いインサートがそれに劣らず豊富に見られる。ゴダール自身はジャンプカットの多用を、長まわしのせいで映画が長くなりすぎ、プロデューサーから大幅な短縮を要請された結果やった苦肉の策だったと説明しているが、ルーシュの編集に似ているのはとても偶然とは思えない。

ルーシュはヌーヴェルヴァーグの監督たちより年長だが、自分の映画に対する優れた批評を読み、彼らの若々しい映画を観たことは、さらなる映画的冒険を促したはずだろう。

アビジャンの高校における黒人生徒と白人生徒のあいだの相互的な差別とコミュニケーションの芽生えを描いた『人間ピラミッド』（一九六一年）は、いっそう劇映画に近づいているが、通常の劇映画とは明白に異なる。ルーシュが高校生たちに彼ら自身がシナリオを考えながら登場人物を演じる映画の共同制作を提案したり、彼らがこの映画に参加するかどうかを議論したり、ルーシュと一緒に撮影フィルムを観たりする場面がドラマ中に挿入される。また新たな形式的特徴として、長めのパンや移動撮影が見られる。

長めのショットの導入は、ヌーヴェルヴァーグの刺激によるものではないだろうか。一九六四年、ルーシュは、ゴダールとロメールを含むヌーヴェルヴァーグの監督たちと、オムニバス映画『パリところどころ』を制作した。第二話「北駅」を担当した彼は、プロ・カメラマンに極端な長まわしをさせている。朝から再開発工事の騒音が響く質素なアパルトマンで、生活に不満を募らせた若い女性（『人間ピラミッド』でデビューしたナディーヌ・バロー）が、出勤前の夫（この映画のプロデューサーのバルベ・シュレデール）と会話しているうち喧嘩となり、むしゃくしゃしながら外出すると、路上で出会った裕福なブルジョワ男から駆け落ちに誘われる。それを彼女が拒絶するや、男は北駅の鉄橋から飛び降り自殺する。このいささかシュルレアルなドラマが、十六分近い手持ちカメラでの移動撮影と同時録音によってリアルタイムで表現されているのだ（エレベーター内の暗がりでカットがあるが、ほぼワンショットに見える）。

ドキュメンタリー映画史に決定的な影響を与えたことで名高いルーシュ作品は、初長編『ある夏の記録』（一九六〇年）である。社会学者エドガール・モラン（一九二一年―）からパリの通行人たちに同一の質問をするインタビュー映画をつくろうと誘われ、ルーシュはこの映画をモランと共同監督した。彼にとってアフリカと直接関係しない初めての作品でもある。

街頭インタビューのドキュメンタリーは既存の機材では不可能に近かったので、ルーシュはエクレール社に、同期で生録音ができる軽量カメラの開発を懇願した。かくしてスイスのメーカーの最新小型レコーダー「ナグラ」とコードでつなげば、自動的に音声を同期録音しながら撮影できる画期的カメラが生まれ、二十時間以上の街頭インタビュー撮影ができた。これに改良を加えたカメラ「エクレール十六」は、ほどなくドキュメンタリーやテレビの映像を一新することになった。

もっとも、街頭インタビューが当たり前な手法となったこんにち、『ある夏の記録』のなかで斬新さを保っているのは、前半でインタビューを受けた人たちがスタジオで自分たちの映像を観ながら意見をいいあう後半パートだろうが……。

一九六一年、『ある夏の記録』封切りをきっかけに、映画批評家のジョルジュ・サドゥール（一九〇四―六七年）は、フランスで近年、ルーシュ、クリス・マルケル（一九二一―二〇一二年）、フランソワ・レシャンバック（一九二一―九三年）など、十六ミリカメラを持ったシネアストが革新的ドキュメンタリーを連作していると受け止め、これを「シネマ・ヴェリテ（cinéma-vérité）」（真実の映画）と呼んだ。言葉としては、一九二二年（『極北の怪異』の年）にソヴィエト連邦のジガ・ヴェルトフ（一八九六―一九五四年）が自作の前衛的ニュース映画に与えた呼称「キノ・プラウダ」を、フランス語に直訳したものだ。ヴェルトフをフラハティと並ぶ先駆者としてリスペクトしていたルーシュは、「真実《ヴェリテ》」の意味を彼流に再解釈して、この呼称を積極的に受け入れた。

他方、北米でもほぼ同時期、アメリカ合衆国のリチャード・リーコック（一九二一―二〇一一年）（フラハティの『ルイジアナ物語』のカメラマン）やD・A・ペネベイカー（一九二五年―）、カナダ・ケベック州のミシェル・ブロー（一九二八年―）（『ある夏の記録』のカメラマンの一人）などが、十六ミリカメラと同時録音を駆使したドキュメンタリーを制作しはじめ、一九六〇年代半ばに「ダイレクト・シネマ」と呼ばれるようになる。その後、フランスで、双方の総称として「シネマ・ディレクト」（「ダイレクト・シネマ」のフランス語訳）が一般化したり、北米で逆に「シネマ・ヴェリテ」の使用が一般化したりして、用語の混乱は現在でも収まっていない。しかし、全体的傾向としては、北米の新しいドキュメンタリーが中立的・客観的観察に重きを置き、ナレーションを廃したのに対し、フランスのそれは想像的なものや映画作家の態度の表現を尊重し、ナレーションの用法を変えた、とまとめることができるだろう。

4　関係の生成としての映画

「アフリカの年」といわれる一九六〇年を中心とする数年間は、アフリカの植民地がぞくぞくと独立した歴史の曲がり角である。植民地主義的搾取が消滅したわけではないが、この世界史的変化は、フランスやイギリスの民族学にとってみずからの成立基盤の崩壊を意味した。アフリカ人の主体性を積極的に組み入れたルーシュの映画づくりは、巨視的に見れば、この崩壊の予感の一表現だったといえるかもしれない。

アフリカ人との協力関係は、映画内に見いだされるだけではない。ニジェールで土木工事監督をしたときの助手だったダムレ・ジカ（一九二三―二〇〇九年）や、ニジェール河探検の途上で出会ったラム・イブラヒム・ディア（一九二六年―）をはじめ、親友となったアフリカ人は、すぐにインフォーマント・録音技師・カメラマン・アドヴァイザーといった映画制作仲間となり、さらに寓話的長編映画の登場人物やナレーターにまでなった（『ジャガー』一九六七年、『少しずつ』一九七〇年、『コケコッコー！ニワトリさん』一九七四年、『ディオニュソス』一九八四年、『水の女神』一九九三年、『夢は死より強し』二〇〇二年／ベルナール・シュリュグと共同監督)。ルーシュはこうしたコラボレーションを、フラハティがイヌイットと結んだ人間的関係の発展的継承と自負している。

一九六〇年代末以降、ルーシュは民族誌映画に関する本質的・理論的な省察や提言をエッセイ・講演・講義等のかたちで盛んに公にし、調査地に暮らす人々とコラボレーションする意義を力説するようになった。また、欧米とアフリカの両サイドにおいて、映画祭・シンポジウム・ワークショップ・研究団体等をつぎつぎと組織し、映像人類学の確立と発展のための基盤づくりに献身した。シネマテーク・フランセーズでもたびたび民族誌映画の上映企画に携わり、一九八七―九〇年、館長を務めた。

世界各地を飛びまわる多忙なスケジュールの合間を利用し、フィールドワークと民族誌映画の制作もこなしつづけた。とくに大きな業績としては、ドゴン族が六十年に一度の周期で七年間催す壮大な「シギ」の祭りを、一九六六年から七三年まで毎年撮影し、百二十分の長編『シギ 総集編』(一九八一年／ジェルメーヌ・ディテルランと共同監督)を完成したことが挙げられる。

では、こうした多方面にわたる国際的活動を支えた情熱は何か。善意や義務感や罪障感などから被植民者の民族的・文化的アイデンティティの確立を手助けしたなどと受け止めて、偉いと思うとしたら、むしろジャン・ルーシュを過小評価することになってしまうだろう。

映画作品を観れば、彼が善意・正義・アイデンティティなどを、真に重要な出来事が生まれるための契機ぐらいにしか思っていなかったことがわかる。コートジヴォワール独立(一九六〇年)の前夜に撮影された『人間ピラミッド』のなかで、ルーシュの提案にとまどった高校生たちは、白人グループと黒人グループに固まって話しあう。どちらのサイドでも大方が、アフリカ人とヨーロッパ人の歴史的・社会的経験の違いや、同じ教室で学びながら疎遠だった自分たちが友だちを演じることの不自然さを挙げ、映画への参加に反対する。黒人の女生徒ドゥニーズは「すべてのヨーロッパ人が人種差別主義者なわけじゃない、善意を持っていて、交わってくれる人もいるはず」と正論を説くが、男子生徒の一人は「善意のつきあいなんかまっぴらだ」といいかえす。

ドゥニーズが、転校してきた開明的パリジェンヌのナディーヌ(ナディーヌ・バロー)に相談し、とりあえず高校生たちはスポーツやダンスを通して交友しあう場面を演じてみることにする。するとすぐに、想定外の乱流が発生してしまうのだ。恋愛や嫉妬の複雑な戯れが人種の違いを越えて連鎖し、黒人生徒どうしや白人生徒どうしの喧嘩も勃発する。感情の乱流はナディーヌの八方美人的態度によって激化し、耐えかねた一男子が衝動的に荒海に飛び込んで行方不明になるという事件にいたる。

相手とのあいだに情熱が生じたとたん、誰もが、自他の比較論や善意による正論が葛藤しあっていた地平から遊離し、相手のイメージに取り憑かれ、自分が自分でなくなり、意外な行動をしてしまう。恋愛とは一種の狂気であり、憑依ではないだろうか。そして映画撮影もまた一種の狂気であり、憑依ではないだろうか。アヴァンタイトルでルーシュが語る『人間ピラミッド』の定義、「この映画は現実の反映ではなく、別の現実を創造している」は、じつに含蓄に富む。

憑依儀礼との出会いから民族学を志したルーシュにとって、「憑依」は、言葉のもっとも深い意味で映画的主題である。映像人類学論の古典「憑依者、魔術師、呪術師、シネアスト、そして民族誌学者の、アヴァターについての試論」（一九七三年）で、彼は民族誌映画の制作そのものを「憑依」に重ねている。

こんにち私は、撮られる人々にとって、シネアストの人格は撮影にしたがって目の前で変身すると考えている。彼はもはや話さず、ただよくわからない命令を発する（「スタート！」、「カット！」）。彼はもはや不思議な付属物を通してしか見ず、収録マイクを通してしか聞かない。けれども、逆説的なことに、シネアストが儀礼に「密着し」、統合され、それを少しずつたどることができるのは、この一揃いの道具のおかげであり、新たなふるまいのおかげなのだ。インスパイアーされているならば、カメラマンと随伴する録音者を不可視にはしないが進行中の儀礼の参加者にする不思議な振り付け。

かくして、映画に非常に慣れたソンガイ族・ザルマ族にとって、私の人格は、憑依舞踏者の人格が変容するように、目の前で変容し、実際にトランスした相手を撮影する者の「シネ－トランス」にいたる。(7)

映画を知っているソンガイ族やザルマ族の人たちは、遠くから来た撮影者を不思議な異人として迎え、映画機材という仮面や呪具を装着した異人が、即興でダンスするように儀礼に反応するとき、それを「トランス（忘我）」と受け止める、というわけだが、驚くべきは、学者であるルーシュが彼らの受け止め方をすなおに肯定し、シネアストが憑依舞踏者に近い状態に入り込む「シネ－トランス」を、実際にある出来事として学術論文に平然と記していることである――「これ〔シネ‐トランス〕は、私にとってじつに真実なことなので、私は自分のファインダーのコントロールと見物人の反応によって、撮影したシークエンスが成功しているか失敗しているか、私が民族誌や映画の諸理論の重みから解き放たれ、発明という野蛮を再発見できたかどうかがわかる」(8)（強調は原文による）。まさにシネマが「ハウカ」になるということである。

さらにルーシュは、現像をへて顕われたり、缶に閉じ込められたりする映像や音声を、呪術師が探し求めたり、食べたりする「分身たち」と重ねあわせる。そして最後に議論を民族誌一般に拡げ、この画期的論文を、つぎのように来たるべき民族誌の素描によってしめくくる。

現場では、たんなる観察者が変容し、仕事をする際、もはや村の境界で長老たちに挨拶していた人物などではなくなる。ヴェルトフの語法にあやかるなら、彼は「民族‐視し」、「民族‐観察し」、「民族‐思考する」が、また彼の眼前にいる人たちも、この不思議な習慣的訪問者へ信頼を寄せるなら、同様に変質し、彼らは「民族‐表現し」、「民族‐語りし」、ついには「民族‐思考する」……。

こうした絶え間ない「民族‐対話」は、こんにちの民族誌の歩みにおけるもっとも興味深い側面のように思われる。もはや知識とは、盗まれたあと西洋の知識の神殿で食べつくされる秘密なのではなく、民族誌に記される者と民族誌学者が一つの道に参入してたどる終わりなき探求なのであり、この道はすでに私たちの幾人かによって「共有人類学」と呼ばれているのだ(9)。

民族学的事象を表象する存在と、表象される存在が、互いに交わって自己変容を経験する。その成果としての、新たな知覚と行為と思考による民族誌。「民族－（ethno-）」という接頭辞が並んでいるが、これはもちろん、閉じた排他的集団や主義を意味しているのではなく、現地人と来訪者との「対話」を通した創造的運動を意味している。ルーシュにとって、「異文化」（他者）を表象するか、「自文化」（自己）を表象するかといった二者択一的な問いは、ナンセンスな偽の問いに違いない。現実に「異文化コミュニケーション」が発生したなら、そこには必ず相互触発が潜み、共有された自己変容が潜んでいる。それは、一般的に認知されにくい不安定で目立たないヴァーチャルな出来事であったとしても、創造に特有の繊細な熱狂を関係者にもたらし、未来へ開かれた方角を示唆する。

ジャン・ルーシュの長年にわたる精力的な諸活動はどれも、制度的に隔てられ、座席指定されてきた二者（アフリカ人と西洋人、撮影する者と撮影される者、現実と虚構、観察と行動、ナレーションとセリフ……）を挑発的にコミュニケートさせる仕掛けを工夫し、微笑みのようにみずみずしいものが狭間に生成するのを楽観的に待つことであり、その根底にあるのは純粋な生命的喜びの追求である。そうでなかったとしたら、遠い場所に生きた人たちの映像がどうしてこれほど楽しく生き生きしているのか、説明できない。

■注

（1）伝記的情報は、主に、Maxime Scheinfeigel, *Jean Rouch*, CNRS Éditions, 2008と、Jean Rouch, *Jean Rouch: cinéma et anthropologie*, textes réunis par Jean-Paul Colleyn, Cahiers du cinéma / INA, 2009の巻末年表、および Comité du Film Ethnographique のホームページの "Jesn Rouch"（http://comitedufilmethnographique.com/jean-rouch/）に拠る。

（2）Jean Rouch, « 54 ans sans trépied », *Ibid.*, p. 78.

（3）ピエール・ブロンベルジェ『シネマメモワール』斎藤敦子訳、白水社、一九九三年、一八六頁。

（4）ジャン＝リュック・ゴダール『ゴダール全評論・全発言I 1950-1967』奥村昭夫訳、筑摩書房、一九九八年、二三三―二三四頁。

（5）同書、四〇〇頁。

（6）同書、三九八頁。

（7）Jean Rouch, « Essai sur les avatars de la personne du possédé, du magicien, du sorcier, du cinéaste et de l'ethnographe », Jean Rouch, *op. cit.*, p. 152.

（8）*Ibid.*, p. 153.

（9）*Ibid.*, p. 153.

■推薦図書

村瀬静二・箭内匡・久保正敬編『映像人類学《シネ・アンスロポロジー》――人類学の新たな実践へ』せりか書房、二〇一四年

日本の映像人類学者たちによる論集で「第二章 映像の共有人類学」がすべてジャン・ルーシュに割かれており、紙数の制約で拙論では紹介できなかった後期作品『ディオニュソス』について詳しい分析が読まれる。ルーシュの教え子大森泰宏による回想も貴重。

佐藤真『ドキュメンタリー映画の地平――世界を批判的に受けとめるために』下巻、凱風社、二〇〇一年

日本のドキュメンタリーの旗手だった映像作家が、ドキュメンタリー映画史を主体的・批評的にたどるなか、第九章でルーシュを論じている。

ジル・ドゥルーズ『シネマ2＊時間イメージ』宇野邦一・石原陽一郎・江澤健一郎・大原理志・岡村民夫訳、法政大学出版局、二〇〇六年

二十世紀後半の大哲学者が、哲学的映画論の「第六章 偽なるものの力能」でルーシュを集中的に論じている。哲学史や映画史の教養を前提としており、非常に難解ではあるが、深みがある。劇映画にせよドキュメンタリーにせよ、古典的映画が真／偽の二分法の上に成立していたのに対し、ルーシュ作品の本質的新しさは、真偽の分割以前の根源的な「虚構作用」を表現したことにあるとしている。

Paul Henley, *The Adventure of the Real : Jean Rouch and the Craft of Ethnologic Cinema*, the University of Chicago Press, 2009

マンチェスター大学の映像人類学教授による総合的で浩瀚なルーシュ論（五百三十六頁）であり、百五十枚の貴重な写真を掲載している。

Jean Rouch, *Jean Rouch: cinéma et anthropologie*, Textes réunis par Jean-Paul Colleyn, Cahiers du cinéma / INA, 2009

ルーシュのテクストとインタビューが、「バイオグラフィカルなテクスト」、「映画について」、「人類学について」という三つのカテゴリーに分けて収録されている。エドガール・モランが序文を書いている。

■関連情報

・ジャン・ルーシュ監督作品　日本版ＤＶＤ（日本語字幕付き）

『人間ピラミッド』紀伊国屋書店、二〇〇六年

『パリところどころ』（ジャン＝ダニエル・ポレ&ジャン・ルーシュ&バーバラ・ウィルキンド&エリック・ロメール&ジャン＝リュック・ゴダール&クロード・シャブロル監督）紀伊国屋書店、二〇〇六年

・ジャン・ルーシュ監督作品　海外版ＤＶＤ（ＰＡＬ方式、日本語字幕なし）

***Jean Rouch*, Éditions Montparnasse, 2005**

四枚組ＤＶＤボックス。ルーシュ作品十本（『狂気の導師たち』、『水の女神』『トゥルー・エ・ビッティ』、『弓によるライオン狩り』、『アメリカ人という名前のライオン』、『ジャガー』、『僕は黒人』、『少しずつ』、『人間ピラミッド』、『十五歳の未亡人』）と、ルーシュについての映像三本を収録する。

***Cocorico! Monsieur Poulet*, Éditions Montparnasse, 2007**

『コケコッコー！　ニワトリさん』、『大河での戦い』、『崖の墓地』を収録する。

***Jean Rouch: Une Avanture Africaine*, Éditions Montparnasse, 2010**

四枚組ＤＶＤボックス。ルーシュ作品十二本（『黒い魔術の国で』、『ヴァンゼルベの魔術師』、『割礼』、『憑依者のダンス入門』、『崖でのドゴン族の葬儀』、『大河での戦い』、『イエネンディ雨を降らせる人たち』、『崖の墓地』、『ダムバラのダマ』、『シギ 総集編』、『キリン・サッカー』、『チンピラＷＶ』）と、マルセル・グリオールおよびドゴン族

関連の映像を収録する。

・関連施設

国立民族学博物館（大阪府吹田市千里万博公園）

メディアテークと図書室で、ルーシュの著書や民族誌映画を閲覧できる。

国立人類博物館（**Musée de l'Homme**）（パリ市トロカデロ広場）

フランス民族学の拠点となった施設。常設展で世界各地からの民族学的収集品を見学し、図書室でルーシュの著作や映画ＤＶＤを閲覧できる。また民族学映画委員会により、毎年六月にジャン・ルーシュ民族誌映画祭が催されるほか、年間を通じて様々な映画の上映がある。

第5章

エドゥアール・グリッサン

(1928-2011)

〈関係〉の詩学から全-世界へ

廣松　勲

エドゥアール・グリッサンは、カリブ海にあるフランス海外県マルティニック島出身の作家・思想家である。奴隷制の遺産と植民地主義が色濃く残存する時代に青年グリッサンは、独立へ向けた政治運動に関わることになる。その一方で、晩年に至るまで、彼は詩・小説・評論・劇作といった多様なジャンルを横断する作品を発表し続けた。

82年の人生をかけてカリブ海、ヨーロッパ、両アメリカ大陸を移動し続けたグリッサンは、詩的イメージを駆使した哲学的思考を続ける中で、「〈関係〉の詩学」、「クレオール化」、「全-世界」といった耳慣れないが、しかしそれゆえに魅惑的でもある多くの「概念」を生み出してきた。

一体どのような理由から、このような概念群を創り続けることになったのか？　「世界のすべての言葉が現前するところで」(『全-世界論』) 書いてきたグリッサンの人生と思想に触れることで、驚くほど開かれた「関係」と「世界」への想像力を垣間見ることができるだろう。

1　カリブ海域諸島の歴史と社会

カリブ海またはカリブ海域諸島という言葉を耳にして、どんな印象をもたれるだろうか。紺碧の海、熱帯のリゾート地、極彩色の風景、陽気な音楽や住民など、恐らく限りなく透明で明るいイメージが先行するのではないだろうか。しかし、この地域の歴史を紐解いてみると、その見かけ上の明るさの陰には、いわば黒い歴史と呼びうる地層が横たわっていることが分かる。まずは、このようなカリブ海域諸島の状況を理解するためにも、簡単にその歴史的背景を振り返っておこう。

ヨーロッパの歴史では、カリブ海域諸島は一四九二年のコロンブス旅団によるアメリカ大陸の「発見」を介してその表舞台に登場する。「インド」を目指して出発したコロンブスは、現在のサン・サルバドル島に到着した後も、自らがインドに到着したと疑わなかったという。その結果、未だにカリブ海域諸島は「西インド諸島」と呼ばれることが少なくない。その後、スペイン、ポルトガル、英国、フランスといった国々が次々にカリブ海域諸島へと船を漕ぎ出し、大小合わせて七千以上の島々はヨーロッパ列強によって分割されることになる。

一般に、この大航海時代におけるヨーロッパ諸国による「発見」とその後の統治が、いわゆるアメリカ大陸の「植民地化」の始まりであると考えられている。当然ながら、「発見」以前のアメリカ大陸は無人大陸であったわけではない。カリブ海域諸島についていえば、すでにカリブ族やアラワク族といっ

カリブ海諸島及び
ラテン・アメリカの地図
アメリカ合衆国
フロリダ半島
バハマ国
グランド・バハマ島
グレート・アバコ島
ニュープロビデンス島
キャット島
アンドロス島
サン・サルバドル島
クルックド島
アクリンズ島
マヤグアナ島
イナグア島
タークス・カイコス諸島
キューバ共和国
ドミニカ共和国
ケイマン諸島
プエルトリコ自治連邦区
アンギラ
サン・マルタン島
サン・バルテルミー島
ヴァージン諸島
ジャマイカ
ハイチ共和国
セントクリストファー・ネイビス連邦
アンティグア・バーブーダ
モンセラト
グアドループ島
ドミニカ国
マルティニック島
ニカラグア共和国
セントルシア
セントビンセント及び
グレナディーン諸島
バルバドス
アルバ
キュラソー島
ボネール島
グレナダ
ラ・トルトゥガ島
マルガリータ島
トリニダード・トバゴ
共和国
コスタリカ共和国
パナマ共和国
ベネズエラ・ボリバル共和国
ガイアナ
共和国
コロンビア共和国
ブラジル連邦共和国

＊筆者作成

た先住民が自らの社会生活を営んでいたのである。しかしながら、来訪者であるヨーロッパ人と彼ら先住民との間で協定関係が結ばれることは稀であり、結局先住民はヨーロッパ人のもたらした暴力と疫病によってほぼ殲滅したとされる（ただし、一部の先住民は南アメリカ大陸のアマゾン川流域に移動）。結果として、香辛料やコーヒー豆、サトウキビや綿花といったヨーロッパ社会において必要とされる嗜好品を生産するため、西アフリカ地域から若い男女の黒人を購入し、カリブ海域諸島で奴隷として強制的に働かせ、その生産物をヨーロッパへと運ぶという「三角貿易」が成立することになる。このように、先住民の殲滅以降のカリブ海域諸島では、ヨーロッパ系、アフリカ系、混血系、時代が下ると十九世紀中頃以降に雇用労働者として来島するインド系、レバノン系、中国系の人々を主たる構成員とする「プランテーション社会」が新たに作り上げられることになった。ここで注目すべきは、異なる地平からやってきた人々が意思疎通を行うために、宗主国の言語（フランス語、スペイン語、英語など）を一つの核として、彼ら移住者たちが持ち込んだ言語の諸特徴を組み合わせた「クレオール語」と呼ばれる言語が生まれたことである。その後、クレオール語は旧宗主国の大言語への同化が問題視されはするものの、民衆の言語として、内密性・親密性を表象する言語として、さらにはカリブ海域諸島の歴史的経緯が刻み込まれた言語として、現在でも確かに存在している。

さて、このようなヨーロッパ列強による植民地主義と奴隷制度は、十九世紀中頃の奴隷制廃止を経て二十世紀中頃の植民地の自治・独立の時代まで、およそ四百年に渡ってカリブ海域諸島の社会的基盤を成すことになる。当然ながら、この長い期間、隷属状態にあった人々（主に黒人奴隷やその子孫たち）はヨーロッパ人による支配体制を甘受していただけではなく、奴隷反乱や抵抗運動も頻繁に生じていた。しかし、一八〇四年に世界史上、二番目の共和国として独立を果たしたハイチ共和国を別にすれば、二十世紀中頃に至るまで政治的自治・独立を認められることはなかった。さらに、たとえ政治的自治・独立を実現しえたとしても、必ずしもそれによって支配体制が全的に解決されるわけではなく、経済的そして精神的レベルにおける旧宗主国による植民地化状態からの解放は、二十一世紀に入った現代でも、引き続きカリブ海域社会の大きな課題として残っているのである（例えば、フランス語とクレオール語の階層的二言語併用状況であるダイグロシアなど）。

このようにカリブ海域諸島の歴史を概観してみると、この地域の社会がヨーロッパ列強による帝国主義的拡張主義という名のグローバル化の荒波によって蹂躙され、その渦の中で誕生した社会であることが分かるであろう。ただ、そうすると、カリブ海域社会はヨーロッパ社会の欲望原則に従って各種の嗜好品や文化財を生み出してきただけであり、自律的・主体的には何も生み出さなかったと考えてしまいたくなるかもしれない。ところが、実際には必ずしもそうではない。確かに、旧宗主国への経済的・精神的な依存状態が残存することは否定できないものの、そのような関係性の中で、カリブ海域社会は自らの独自性を生み出そうと、政治・経済・文化・環境といった様々な分野において地道な活動を続けてきたのである。

以上の歴史的概観を基礎としながら、本論では特にフランス植民地帝国の一部を成していたマルティニック島に地域を絞った上で、一人のマルティニック人の思想を検討したい。詩人・小説家・劇作家・

思想家として、八面六臂の活躍をしたエドゥアール・グリッサン（Édouard Glissant）である。なぜ、この人物を選ぶのか。それは、彼が二〇一一年に亡くなるまで、上記に挙げたようなカリブ海域社会（フランス語ではアンティユ社会）の地域特性に基づきながらも、「〈関係〉の詩学」や「全-世界」といった概念を触媒にして「諸文化の繋がり方」について執拗に問い続けてきたからである。さらに、このような彼の思想はカリブ海域諸島の知識人に知的土壌を提供し続けてきたのみならず、延いてはフランス共和国やアメリカ合衆国などにおける人文・社会科学系の研究にも少なからぬ影響力をおよぼしてきた。本論では、具体的に彼の思想的成果に触れる前に、まずは続く二節においてかなり簡略化した形で八二年の人生を振り返り、彼がどのような思想的変遷を経てきたのかを見ておきたい。グリッサンとは一体何者だったのだろうか。

2　エドゥアール・グリッサンの人生（一九二〇年代―一九七〇年代）

エドゥアール・グリッサン（Édouard Glissant）は、一九二八年九月二十一日にマルティニック島北部の農村部サント・マリー市ブゾダンに五人兄弟の一人として誕生し、生後数か月の時に母とともに中部の都市部ル・ラマンタン市（以下、ラマンタン市）へと移り住んだ。(1) 彼の生まれた一九二〇年代は、マルティニック島がいまだ第三共和制フランスの一植民地であり、プランテーション農業を基盤とした植民地社会が強固に機能していた時代であった。すでにフランス植民地では一八四八年に奴隷制が法的に廃止されてはいたものの、プランテーション社会が存続したことで、カリブ海域諸島は奴隷制時代の様々な遺産も引き継ぐことになった。例えば、マルティニック島における家族像の一つである「母系中心の家族」といった考え方も挙げられる。奴隷制時代のプランテーション社会では黒人男性奴隷は一種の「種馬」と見なされ、黒人女性奴隷に複数の子どもを再生産させること（つまり無償で主人の労働力を増やすこと）が良しとされていた。このような家族構成の考え方が長らく存続してしまった結果、父親は家庭外で複数の女性との間に子どもを有し、結果として各家庭が母親（を含めた女性）中心になることが多いとされている。[2] グリッサンの家庭がこのような類型に当てはまるとまでは言えないが、少なくとも植民地体制の中でプランテーションの農園監督を務める有力者であった父親は、グリッサンが奨学生として高等中学校に入学するまで彼を認知することはなかったとされる。

さて、一九三八年、ラマンタンにおいて優秀な成績で小学校時代を過ごしたグリッサンは奨学生に選抜され、首都フォール・ド・フランスにある難関校ヴィクトル・シェルシェール高等中学校に寄宿生として入学した。この学校名に冠されるヴィクトル・シェルシェール（一八〇四―九三年）という人物は、一八四八年に実現する奴隷制廃止に尽力した白人政治家の一人であり、現在も首都フォール・ド・フランスの旧裁判所に彼の彫像を見ることができる。この高等中学校時代における知的経験が彼の青年期における政治的・文化的活動の基盤を作ったと言っても過言ではない。特に、第二次大戦中の一九四〇年にはパリ帰りの「黒人性（ネグリテュード）」の詩人エメ・セゼール（一九一三―二〇〇八年）がシェルシェール高等中学校の教員に着任した。グリッサンはセゼールの直接の生徒とはならなかったものの、詩人セゼールを介して、とりわけ詩作やシュルレアリスム的な「自由」のあり方に魅力を発見することになったのである。

このような文学的側面からの影響だけではなく、マルクス主義に則ったセゼールの反植民地主義的言説（一九五五年の『植民地主義論』はその一つの記念碑）は、青年グリッサンにとって「政治参加」の一つの切っ掛けになったと考えられる。四〇年代中頃、十六歳になった彼は「真っ向勝負（フラン・ジュ）」という政治団体を結成し、政治新聞を発行するだけでなく、ラマンタン地域の農業労働者のストを先導するまでになった。この幼年期・青年期において、グリッサンはマルティニック社会の現実的問題に直接関わると同時に、文学的にも主に詩作を通してすでに自らの言葉を紡ぎ始めていたのである。

一九四六年は、グリッサンの人生の中でも大きな転換点の一つであった。パリのソルボンヌ大学への留学である。第二次大戦が終結して一年目に当たるこの年がマルティニック島にとっても大きな節目の年であったことは、ここで記憶に留めておいても良い点であろう。この年、首都の市長であり、また共産党選出の国民議会議員となったセゼールは、マルティニック島を含む四つの旧植民地を「海外県」としてフランス本国に組み込む法案を成立させたのである（他の旧植民地は、カリブ海域諸島のグアドループ島、南アメリカ大陸の仏領ギアナ、インド洋諸島のレユニオン島）。このパリ時代に、ソルボンヌ大学で哲学を、人類博物館で民族学を学んだグリッサンは、同郷の精神分析家・革命思想家のフランツ・ファノン（一九二五―六一年）やハイチ出身の詩人・革命家ルネ・ドゥペストル（一九二六年―）を含めた多くの黒人知識人やパリの若手詩人との間に、その後長きにわたる交流を育むことになった。これらの出会いにより、グリッサンはアフリカの知識人アリウン・ジョップ（一九一〇―八〇年）の設立した出版社「プレザンス・アフリケーヌ」や文化団体「アフリカ文化協会」などとも関係を結んでいく。さらに、この時代から、雑誌『新文芸（レ・レットル・モデルヌ）』において、それまで以上に活発な批評活動を開始し、一九五三年にマルティニック島へ帰郷してからもそれは続くことになった。

詩作と並行して続けられた文学・政治学・民俗学・社会学に基づく彼の批評活動は、その後、数多くの批評集として纏められることになる。詩集としては一九五三年に『島々の野』、一九五五年に『不穏の大地』、一九五六年に『インド』を刊行すると同時に、評論集としては一九五六年『意識の太陽』が刊行された。これらの詩および評論においては、グリッサンのその後の主要テーマでもあるカリブ海域諸島（とりわけマルティニック島）の時間・空間表象のあり方が俎上に挙げられ、どのようにすれば、より正当にカリブ海域諸島の歴史や風景の描写を行いうるのかという課題を巡って執筆がなされた。

このような問題意識を発展させたのが、グリッサンの作家活動において一つの転換点となった一九五八年の小説『レザルド川』である。フランスの著名な文学賞の一つであるルノドー賞を受賞したことに鑑みれば、本作によってグリッサンは作家としての足場を築いたといえる。本作は、反植民地主義運動に参加するマルティニック人青年を主人公として、彼らによる島の解放に向けた謀略の過程とその顚末を描いた作品である。中村隆之（『思想』第一〇七九号、二〇一四年）によれば、本作の特徴はその「政治的主題」や「独特な語り方」のみならず、「地誌的な描き方」にあるとされる。本文で明示はされないが、物語の舞台はマルティニック島と目される南国の島である。この島を登場人物たちが移動するとともに、神話と伝説の場所である「北部の山や水源」、町の華やぎとサトウキビ畑の貧困の場所である「中部の平野」、そして労働と隔絶した貧困を知らない「南部の谷や海」といった象徴的空間が描かれる。さらに、タイトルにもあるレザルド川は、このような空間を横切る中でマルティニック島の「起源、過去、現在、未来」という時間を辿ることになる。いわば時間の空間化とも呼びうる表現方法は、グリッサンの小説作法の一つとして、その後も繰り返し現れることになる(3)。

さて、一九五九年にグリッサンは、グアドループ島出身で植民地省の役人、またポール・ニジェの名で作家活動も行っていたアルベール・ベヴィルと出会う。この出会いを切っ掛けとして、ベヴィルを含む反植民地主義運動の賛同者たちと連携し、グリッサンは「アンティユ・ギアナ自治戦線」(以下、自治戦線)を設立することになる。しかし、アルジェリア独立戦争とも重なる時期だったことに加えて、その急進的で民族主義的な活動のため、「自治戦線」はフランス政府によって解体されてしまう。さらに、グリッサンは一九六一年九月にはグアドループ島から強制退去命令が下されただけでなく、一九六二年一月にはナイジェリアのラゴスへの途上でマルセイユにて逮捕され、パリに強制送還された(中村『思想』第一〇七九号、二〇一四年)。彼がマルティニック島に戻り、そこに居を構えるのは一九六五年になってからのことである。

再度帰郷して以降、彼はベルヴュ女子高校で教職についていたが、教師としての活動と並行してマルティニック島の歴史・社会・文化などを巡る活動を急速に深化させていくことになる。例えば、一九六七年にグリッサンが設立に関わった「マルティニック学院」は地域史や地域文化の教育および様々な文化事業を行う施設であり、現在もアソシエーションとしてその活動が続いている。また、この時期に重要なのは、一九七一年（一九七三年まで）に刊行された雑誌『アコマ』である。本雑誌はマルティニック人に限らず、カリブ海域諸島出身の批評家たちが寄稿し、各島のカリブ海域社会における地域特性やその共通性を論じるもので、自らの眼で自らの所属する社会を見つめ直す画期的な機会を提供する場であった。

このような政治的運動と地域社会への多大な貢献を行いながら、彼は詩・小説・劇・評論といった多様なジャンルで作品制作も続けていた。ここでは細かに分析を進められないが、この時期の代表作としては一九六〇年の詩集『黒い塩』や一九七九年の『ボワーズ』、一九六一年の劇作『ムッシュー・トゥッサン』、一九六四年の小説『第四世紀』、一九六九年の評論集『詩的意図』、一九七五年の小説『マルモール』などが挙げられる。

3　エドゥアール・グリッサンの人生（一九八〇年代―二〇一〇年代）

グリッサンの作家人生において、とりわけ大きな変動と多産な時期を迎えるのが、一九八〇年代以降である。まず、一九八〇年にパリ第一大学に提出・受理された国家博士論文を元にした『カリブ海の言説』（一九八一年）は、社会学・政治学・民俗学・文学研究を横断する観点から、カリブ海域諸島の文化を論じた総括的な評論集である。ある意味で、彼は本書によってカリブ海域諸島における文化的特異性、つまり「カリブ海性（アンティユ性）」の探究における一つの到達点に至ったといえる。ただし、必ずしもその特異性は肯定的なものではなく、カリブ海域諸島が背負ってきた植民地主義や奴隷制度の遺産として生じた否定的状況（創世神話の欠如、複雑で不透明なアイデンティティ、言語的・文化的な混淆性など）を積極的に受け入れることによって到達した点であった。同年一九八一年に刊行された小説『奴隷監督の小屋』はそのような彼の評論分野における成果を、実験的な歴史小説として昇華した作品である。

一九八一年になると、彼は再びパリへと移住し、八二年から八八年まではユネスコ（パリ本部）で『ユネスコ新聞』の編集長を務めることになった。多様な国の執筆者による多彩なテクストを編集したこの時期は、曲りなりにも彼の作家・政治活動の中心に据えられていたカリブ海域諸島への視角が、これまで以上に世界（の諸地域）との関係に向けて拡大する契機でもあったといえる。九〇年代以降の思想的基盤が築かれたこの時期に、彼は『ユネスコ新聞』における評論活動に留まらず、一九八五年には詩集『夢見られた国、現実の国』、一九八七年には小説『マアゴニー』を刊行する。特に後者の小説は、上記のような思想的視角の拡大を跡付けるように、マルティニック島（延いてはカリブ海域諸島）を詩的・物語世界の中心舞台に据えるものとしては最後の作品である。

このような知的変動の時期において、一九八八年にグリッサンはユネスコ新聞の編集長の職を辞し、一九八九年から九五年までの間、ルイジアナ州立大学の特別教授として「フランスおよびフランス語圏研究センター」に所属することになった。アメリカ合衆国の南部での六年間に、彼はアメリカ合衆国の南部、カリブ海域諸島、そして南アメリカ大陸におけるプランテーション社会（または、その遺産の上に成立した社会）という共通した土壌を改めて認識する中で、作家ウィリアム・フォークナー（一八九七―一九六二年）の小説世界を論じた『フォークナー、ミシシッピ』（一九九六年）を刊行する。[4] さらに、この時期に彼の名が国際的に知れ渡る要因ともなった出来事として、幾つかの文学的出来事が挙げられる。まず、フランス革命五〇〇年に当たる一九八九年、マルティニック島の若手作家・研究者たちが文学宣言書『クレオール礼賛』を刊行し、グリッサンの思想を援用しつつカリブ海域諸島におけるアイデンティティや文学制作の基盤を「クレオール性」、つまり文化的混淆性に求めたこと。[5] また、アメリカ大陸「発見」五〇〇年に当たる一九九二年には、同宣言書の執筆者の一人であるパトリック・シャモワゾー（一九五三年―）が小説『テキサコ』によってフランスで最も栄誉ある文学賞のゴンクール賞を受賞し、思想および作品制作においてグリッサンから多大な影響を受けたと明言したこと。[6] さらに、同年にはグリッサン自身がノーベル文学賞にノミネートしたこと（受賞者はセントルシア島の詩人デレク・ウォルコット）。これらの出来事を介して、彼はカリブ海域文学の代表としてのみならず、現代の世界文学の代表的作家として認識されるに至ったといえる。そのような中、彼はヨーク大学を含め複数の大学から名誉博士号を授与されると同時に、一九九三年には「国際作家会議」の議長にも選出され、政治的理由で迫害された作家・知識人を匿う「避難都市ネットワーク」の創設にも関わることになった。その後、一九九五年にニューヨーク市立大学の特別教授に着任し晩年まで過ごすことになるが、この段階でグリッサンはアメリカ時代から移動生活の時代へと移行し、ニューヨーク、マルティニック島、そしてフランスを行き来する生活を続けることになる。[7]

最晩年に至るまで世界各地を移動し続けたこと自体驚くに値することではあるが、さらに驚くべきことに作品制作も全く衰えることなく継続した。九〇年代には、彼の思想を知る上で欠かせない評論集『〈関係〉の詩学』（一九九〇年）と『全－世界論』（一九九七年）が刊行されると同時に、小説『全－世界』（一九九五年）や『サルトリウス――バトゥト族の小説』（一九九九年）、詩集『ファウスト』（一九九一年）や『全詩集』（一九九四年）、さらに講演・対談集『多様なるものの詩学序説』など、続けざまに作品が出版されることになる。詳細については次節で述べるが、彼の思想的な鍵概念である「〈関係〉の詩学」や、それと密接に関わる「全－世界」という世界観も、この時期に提示されることになった。

二〇〇〇年代から没年まで、彼はフランス政府の要請で国家的事業にも携わりながら、特に評論分野や教育・研究・文化事業において自らの思考を普及・洗練し続けることになった。まず、二〇〇一年、フランスでは奴隷貿易および奴隷制が「人道に反する罪」であるとする通称「トビラ法」（提案者である仏領ギアナ出身の議員クリスチアンヌ・トビラの名前に由来する）が採択されたのと前後して、奴隷貿易・奴隷制・植民地主義とその遺産を巡る社会問題が大きな争点となっていた。そのような状況下、二〇〇六年に開催された「奴隷制のための記憶委員会（現「奴隷制の記憶と歴史のための委員会」）」に会合において、グリッサンは当時の大統領ジャック・シラクより「奴隷貿易および奴隷制度に関する国立センター」設立に向けた事業を託された。[8] 結果的に本センターの設立は実現しなかったものの、その検討作業の成果としてこの負の歴史に関するアンソロジー『5月10日――奴隷貿易、奴隷制度およびその廃止の記憶』（二〇一〇年）を刊行することになった。さらに、このような事業と並行する形で、彼の思想的成果を理念に据えた「全-世界学院」が設立された[9]。この学院は諸文化の交流する場を提供することを目的として様々な芸術家・研究者・愛好家によって運営されており、また各種アトリエ、研究会、展示会の企画運営だけでなく、カリブ海域諸島の文学を主たる対象とした二つの文学賞（エドゥアール・グリッサン賞とカリブ・カルベ賞）も管轄している。

この時期、彼は自らの思想を深化・敷衍させる過程で生まれた多様なテクストを継続的に発表したが、ただしこれまでとは異なり、評論集や共著での刊行が多くなった時期であった。彼の単著としては、小説『オルメロド』（二〇〇〇年）、一九六三―八七年までの未完テクストを集めた『未だ想像されぬ世界』（二〇〇〇年）、評論集『ラマンタンの入り江』（二〇〇五年）、『世界の新しい領域』（二〇〇六年）、『奴隷制の記憶』（二〇〇七年）、『〈関係〉の哲学――拡がりの詩』（二〇〇九年）、詩集『土、火、水、風――「全-世界」の詩のアンソロジー』（二〇一〇年）、そして対談集『言語の想像力』（二〇一〇年）が挙げられる。

絶えることなく多様な文学ジャンル・関心領域・諸文化を横断してきたグリッサンは、二〇一一年二月三日、パリにおいてその八十二年の人生を終えた。しかし、死してなお、彼の声はその移動の軌跡を止めることがなかったように思われる。まず、訃報の翌日パリのサンジェルマン・デ・プレ教会において追悼式が営まれ、続いてラテンアメリカ会館（パリ）で通夜が営まれた。その後、翌週始めの七日には、彼のマルティニック島での住居があったディアマン市において通夜が営まれ、そして八日になって同市営墓地に埋葬された。加えて、『ル・モンド』紙を含めた主要なフランス系メディアにおいては、連日、友人の作家・哲学者・政治家たちからの多くの追悼文が載せられることになった。

このようにグリッサンのその八十二年にわたる人生を顧みると、まるで彼は自らの人生をその思想に昇華させてきたかのようでもある。しかし、彼の思想は、このような伝記的読解からだけでは見えてこない極めて広い射程と複雑さを特徴としている。そこで、次節ではグリッサン思想の鍵概念である「〈関係〉の詩学」、それと密接に繋がる「全‐世界」という概念を取り上げる。これらの検討を通じて、伝記的に再構築されたグリッサン像とは異なる視角から、彼の思想の核となる部分を浮き彫りにしておきたい。

4 「〈関係〉の詩学」から「全‐世界」論へ

グリッサンの思想において特徴的なのは、彼が多くの概念を創ってきたこと、また既存の概念であるとしてもその用法を自分なりに読み替えてきたことが挙げられる。カリブ海域諸島は、これまで見てきたような社会・歴史的背景から複数の文化が出会い、繋がり、交じり合う場であった。このような社会のあり方とも相似するような形で、グリッサンにおいて哲学することとは、概念を（再）創造することであったと考えうるかもしれない。例えば、彼の思想世界においては、多くの対概念が頻繁に登場する。そのうちの幾つかを取り上げると、〈一者〉と〈多様なるもの〉、存在と現存、科学・理論と詩学、論理と想像力、理解（comprendre）と共与（donner-avec）、システムの思考と痕跡の思考、大陸的思考と列島的思考、一般化と複雑化・クレオール化、秩序とカオス、透明性と不透明性、予測可能性と予測不可能性、閉鎖と開かれ、深さと拡がり、領土と土地、単一根とリゾーム、創世記（genèse）と多重創生（digenèse）、父祖伝来的文化と複合的文化、単一言語と多言語、書記性と口誦性・口承性などに加えて、「アンチ」といった接頭辞を用いた対概念（歴史と反歴史など）も代表的なものとして挙げられる。このようないわゆる二項対立的な対概念は、しかし必ずしも対立関係を際立たせるためだけに持ち出されるわけではない。むしろ、グリッサン思想は、そのような対概念の間にある分かち難い関係性を浮き彫りにすることで、この二項対立の関係を破綻させることを目論んでいる。明晰な論理的言語ではなく、多分にイメージに依拠した言語を用いることで、論理ではなく想像力のレベルにおいて諸項の関係性を考察すること。これがグリッサン思想の核となる部分を極めて簡略化した形である。

このような概念群において、本節で概説する「〈関係〉の詩学」と「全 - 世界」という概念は、上記のような二項対立的思考を発展的に解消する手段であると考えられる。まずは「〈関係〉の詩学」から検討してみよう。一九九〇年の評論集のタイトルにも用いられたこの言葉は、グリッサン思想においては、複数の民族・言語・文化・世界観をその関係性の中で捉えるための概念である。この括弧つきの〈関係〉という概念は、グリッサンの表記では"Relation"と大文字から始まる単語で記される。このような表記を選択したのは、人・物・金・文化・情報などの「関係」を総合的に把握しようと試みると同時に、フランス語の"relation"という言葉に含まれる多義性を示唆するためでもあった。

〈関係〉はただ「中継された〈結びつけられた〉もの」だけでなく、「相関的なもの」「語られたこと」も意味するのだということを、われわれは述べた。つねに近似的なものであるその真実は、物語において明かされる。たとえ世界が一冊の本ではなくとも、世界が沈黙すればそれはわれわれの耳が聞こえなくなるのと同じだということは、やはり本当なのだから。人々を迷わせる〈関係〉は、みずからを公表し持続させるために、言葉を必要とするのだ。けれどもそこで「語られたもの《ルラテ》」は、実際にはある絶対に由来するものではなく、〈関係〉は関係づけられ語られたすべての「相関的なもの《ルラティフ》」の総体として、姿をあらわす。(10)

このような説明を加えた上で、彼は文化・言語・歴史などの多様な領域における関係のネットワークを合理的・論理的レベルではなく想像力のレベルで把握するべきであることを提示する。それは単に現代世界の状況を描写するためではなく、複数の他者との関わりにおいて採用すべき世界観として彼は我々読者へ呼びかけるのである。このように概念というよりもイメージ、理論というよりもイメージの連なりに基づいて〈関係〉の只中でカリブ海域諸島を考えることを、彼は「詩学」と呼ぶのである。この語り口は、彼の評論の特徴であるだけでなく、他の文学作品においても頻繁に介入してくる語り手や登場人物のそれとしても現れる。すなわち、グリッサンにおける「〈関係〉の詩学」とは、先に挙げた二項対立でいう所の左の項に依拠する思考方法、すなわち「世界にあらかじめ決まった意味と目的があると主張しつつ世界を透明な明証性のうちに要約する」ような「一般化する普遍的勅令」(『〈関係〉の詩学』、三一頁）への絶えざる警戒を促す思考方法なのである。

ところで、このような「〈関係〉の詩学」とは、その諸要素の連なりの結果として、いかなる世界を想像するのだろうか。この疑問に一定の地平を開くのが、「全‐世界（Tout-monde）」という概念である。この聞き慣れない言葉はフランス語の「全員（tout le monde）」という言葉から定冠詞を取り除き、ハイフンで結んだ造語である。一九八七年の小説『マアゴニー』において初めて登場し（中村『思想』第一〇六九号、二〇一三年）、その後一九九五年の小説『全‐世界』や一九九七年の評論集『全‐世界論』の標題にも採用されて、九〇年代以降の彼の思想体系において重要な位置を占めることになる。それでは、「全‐世界」とはいかなる状況を指し示しているのだろうか。彼は様々な言い換えによって「全‐世界」を表現しようとしてきたが、その中の一つに耳を傾けてみよう。

私は変化するがままの、そして交換しつつ持続していく我々の世界を、そしてその世界について我々が抱く《ヴィジョン》を〈全‐世界《トゥ・モンド》〉と呼ぶ。その物理的多様性とそれが我々に鼓吹する様々な表象における全体性‐世界《トタリテ・モンド》、その世界を我々はもはや、その全体性の想像界へ侵入することなしに、我々のいる場所からのみ、歌ったり、語ったり、骨身を削ったりすることはできないと考える。(11)

例えばここで文化について考えるならば、グリッサンにとっての「全‐世界」とは、ある一つの文化を把握するには、世界に存在する他の「すべて」の文化との関係を想像力のレベルにおいて予測する必要があるという考え方である。「個」を考えるために「すべて」との関係を想像するという考え方は、民族や言語、宗教や世界観などの様々な話題を論じる際にも繰り返し登場する。一見すると、そのような認識方法は、全知の神以外にはなしえないことだと考えたくなるだろう。しかし、グリッサンとしては「実際に世界に存在する「すべて」の文化を理解した上で、「個別」の文化を知るべきである」と言明したいわけではない。そうではなく、彼が述べたいのは、「〈関係〉の詩学」に則った上で「ある一つの文化は、潜在的な文化全体という諸文化のネットワークの中で、つねにすでに他の文化と相互的に影響を被っている」ことなのである。要素還元論（全体を知るために各構成要素の分析を総和する）という「閉じられた多様性」の中で個別文化を考えるのではなく、全体論（全体は個の総和以上のものである）という「開かれた多様性」の中でそれを考えること。この思考方法は、グリッサン思想や作品制作における創造の源泉として晩年まで繰り返し論じられることになる。

最後に、このような全体論的発想を抱きつつも、グリッサンは前節まで概観してきた彼の生まれ育ったカリブ海域諸島の社会・歴史的状況との繋がりにおいて、次のような言葉も残している。

我々は自分たちが生きている場所、そこから言葉を発している場所を、遠くから我々に訴えかけてくるこのエネルギーのマッスから引き離すことがもはやできないことを発見した。我々がその運動、その無限の変動、その苦しみと喜びを補足するために、我々に対して世界の全体性の中でかくも全的に動いているものに我々の場所を結びつけずにいることはもはや不可能である。現状のままなら

《排他的な部分》になってしまうであろう我々の場所も、それを排他性に変質してしまったら、我々にはその排他性を表現することもできなくなるだろう。そうすれば、我々が抱懐するのは本当に全体主義に連なるような全体性であろう。しかし、そうなる前に、我々は〈関係性〉を確立する。(12)

現実と想像の世界において絶えざる移動の人生を送ってきたグリッサンは、このように自らの立脚点に絶えず立ち返りつつも、世界の諸文化という想像の世界で思考を洗練し続けてきた人物であった。もしも我々がグリッサンの思想から何がしかの生きる術を学び取りうるとするならば、それは恐らく彼の「根づいた流浪(13)」ともいうべきこの世界認識の仕方にあるのではないであろうか。

■注

(1) 本節以降の伝記的情報は、以下の七つの文献・サイトを参照しつつ再構成した。中村隆之「グリッサンの〈全-世界〉」全五回、『思想』岩波書店、二〇一三—一五年。「エドゥアール・グリッサン——列島的思考」の「伝記」のページ（http://www.edouardglissant.fr/biographie.html 最終閲覧日：二〇一五年九月六日）。「エドゥアール・グリッサン中学校」の「エドゥアール・グリッサン伝記」のページ（http://cms.ac-martinique.fr/etablissement/eglissant/articles.php?lng=fr&pg=43 最終閲覧日：二〇一五年九月六日）。

(2) カリブ海域社会におけるジェンダーについては、例えば以下のような日本語でも読める文献が存在する。石塚道子「クレオールとジェンダー」、複数文化研究会編『〈複数文化〉のために——ポストコロニアリズムとクレオール性の現在』人文書院、一九九八年、一七八—一九〇頁。また、グリッサンよりも二回りほど若い世代の作家たちによる文学宣言『クレオール礼賛』の出版以後、一九九〇年代に「クレオール性」という概念が一種の流行語となった際、それへの多くの批判の中でジェンダー論に則る論客が少なくなかった点も指摘しておく。

(3) カリブ海域文学における風景描写については、グリッサンと同郷の小説家ラファエル・コンフィアンの小論においても詳しく論じられている。Raphael Confiant, « Questions pratiques d'écriture créole », dans Ralph Ludwig (dir.), *Écrire la « parole de la nuit ». La nouvelle littérature antillaise*, « Folio essais », Paris, Gallimard, 1994, pp. 171-180.

(4) アメリカ時代のグリッサンの思想的土壌を把握するためにも重要である本書には、幸いなことに邦訳も存在する。エドゥアール・グリッサン『フォークナー、ミシシッピ』（原書：一九九六年）、中村隆之訳、インスクリプト、二〇一二年。

(5) 本書タイトルを直訳すると『クレオール性礼賛』であるが、邦訳では『クレオール礼賛』となっている。ジャン・ベルナベ&パトリック・シャモワゾー&ラファエル・コンフィアン『クレオール礼賛』（原書：一九八九年）、恒川邦夫訳、平凡社、一九九七年。

(6) シャモワゾーの主著に当たる本小説にも邦訳が存在する。パトリック・シャモワゾー『テキサコ』（原書：一九九二年）、星埜守之訳、平凡社、一九九七年。ちなみに、日本では文化人類学者の今福龍太による『クレオール主義』（青土社、一九九一年）やシャモワゾーとコンフィアンによる『クレオールとは何か』（原書：一九九一年）の翻訳書刊行（西谷修訳、平凡社、一九九五年）から暫くの間、「クレオール（性）」という概念が一つの流行語として、様々な媒体で注目された時期があった。

(7) この時期にグリッサンは二度来日し、一九九六年に東京大学で、二〇〇一年に日仏会館で講演会を行っている。東京大学での発表原稿は翌年刊の『全-世界論』（「大地と領土」、邦訳版では一八四―一八八頁）に掲載されている。

(8) 海外県・海外領土省（Ministère des outre-mer）のサイトに公開されている本委員会の「年次報告書」を参照した（http://www.outre-mer.gouv.fr/?rapport-annuel-du-comite-pour-la-memoire-de-l-esclavage.html 最終閲覧日：二〇一五年一一月二五日）。

(9) 本学院に所属するロイック・セリーは、現在もグリッサン個人の公式サイトを管理運営している（http://www.edouardglissant.fr/index.html 最終閲覧日：二〇一五年一一月二五日）。

(10) エドゥアール・グリッサン『〈関係〉の詩学』（原書：一九九〇年）、管啓次郎訳、インスクリプト、二〇〇〇年、四〇頁。

(11) エドゥアール・グリッサン『全-世界論』（原書：一九九七年）、恒川邦夫訳、みすず書房、二〇〇〇年、一六七頁。

(12) 同前、一〇八―一〇九頁。

(13) 前掲『〈関係〉の詩学』、五二頁（章のタイトル）。

■推薦図書

エメ・セゼール『帰郷ノート／植民地主義論』（原書：一九三九年／一九五五年）、砂野稔幸訳、平凡社、一九九七年

グリッサンの思想を繙くには、彼の思想的土壌を掘り起こす必要があるだろう。彼より年長の詩人・政治家エメ・セゼールの言葉を読んでみると、グリッサンの思想や語り口との差異に驚くに違いない。また本書では、セゼール自身の言葉に加えて、訳者による小論も掲載されており、カリブ海域諸島の状況を知るためにも有益である。

・グリッサンの邦訳評論集

「剝奪」／「為すことと創ること」星埜守之訳、『思想』第一〇三七号（二〇一〇年九号）、岩波書店、二〇一〇年、六二―八四頁（『カリブ海の言説』（原書：一九八一年）所収の二つの論考）

『〈関係〉の詩学』（原書：一九九〇年）、管啓次郎訳、インスクリプト、二〇〇〇年

『多様なるものの詩学序説』（原書：一九九五年）、小野正嗣訳、以文社、二〇〇七年

『フォークナー、ミシシッピ』（原書：一九九六年）、中村隆之訳、インスクリプト、二〇一二年

『全‐世界論』（原書：一九九七年）、恒川邦夫訳、みすず書房、二〇〇〇年

日本語で読めるグリッサンの評論集としては、以上の文献が挙げられる（原書の出版年順に並べた）。本論でも扱った『〈関係〉の詩学』や『全‐世界論』から読み始めるのも良いが、読み易さからいえば講演・対談集『多様なるものの詩学序説』がグリッサン入門としては最適であろう。これまでのところ、九〇年代の評論を中心に邦訳が出版されているが、今後はそれ以前とそれ以後の作品群についても邦訳がなされることを願いたい。

ジャン・ベルナベ&パトリック・シャモワゾー&ラファエル・コンフィアン『クレオール礼賛』（原書：一九八九年）、恒川邦夫訳、平凡社、一九九七年

「特集 クレオール」、『現代思想』第二五巻第一号（一九九七年一月号）、青土社、一九九七年

グリッサンの思想に大きく依拠したテクストとして、まずは文学宣言書『クレオール礼賛』が挙げられる。グリッサン自身は『〈関係〉の詩学』や『全‐世界論』においても本書への批判を展開しているが、より若い世代から出されたグリッサン思想への応答として興味深い発想に満ちた書籍である。また、後者の雑誌特集号は『クレオール礼賛』への批判を含めて、カリブ海域諸島の歴史・社会・文化を知るために有益な論文が集められている。

・中村隆之「グリッサンの〈全－世界〉」全五回

(1)「開かれた船の旅」、『思想』第一〇六九号（二〇一三年第五号）、岩波書店

(2)「〈一〉に抗する複数の土地」、『思想』第一〇七九号（二〇一四年第三号）、岩波書店

(3)「歴史物語の森へ」、『思想』第一〇八五号（二〇一四年第九号）、岩波書店

(4)「消滅したアコマ、潜勢するリゾーム」、『思想』第一〇九〇号（二〇一五年第二号）、岩波書店

(5)「カオスの海原へ」、『思想』第一〇九二号（二〇一五年第四号）、岩波書店

日本においてグリッサン研究を先導する著者による長編グリッサン論である。彼の人生を振り返りながら、各時期の主要な作品について詳細な論考がなされている。また、注で提示される各種文献は、これからグリッサン文学を深く読んでみたい、研究したい人には極めて有益な情報に満ちている。現代のフランス語圏カリブ海域社会における諸問題を知りたい読者には、同筆者による『カリブ－世界論――植民地主義に抗う複数の場所と歴史』（人文書院、二〇一二年）を推薦する。

Alain Baudot, *Bibliographie annotée d'Édouard Glissant*, coll. « Inventaire », No. 2 de la série « Écrivains francophones », Toronto, Éditions du GREF, 1993

現ヨーク大学（グレンドン）名誉教授であるアラン・ボドによる唯一のグリッサン書誌録である。一九九三年までに発表されたグリッサン自身の文章（三八六点）やグリッサンに関する文章など（一三四七点）を可能な限り網羅的に収録し、それぞれに概要や引用が付されている。グリッサン研究に携わる者にとっては枕頭の書ともいえる浩瀚な著作である。

■関連情報

・映画

『マルチニックの少年』（監督：ユーザン・パルシー／原作：ジョセフ・ゾベル『奴隷小屋通り（*Rue Cases-Nègres*）』／主演：ギャリー・ガドナ／一九八五年）

一九三〇年代のマルティニック島を舞台に、祖母と二人で「奴隷小屋通り」に暮らす少年ジョゼがプランテーション社会、そして植民地的な学校制度の中で生きる姿を描いた作品である。本作はマルティニック島出身の原作者の自伝的要素も含まれた作品であるが、プランテーション暮らしから離れて奨学生として学校制度の階段を上っていく主人公の姿には、幼少期のグリッサンが見えなくもない。ただ、まだ日本ではＤＶＤ化されていない状況であり、視聴する場合にはフランス版ＤＶＤ（クレオール語箇所にはフラン

ス語の字幕も付く）を探す以外にないのが残念である。

・ホームページ

全‐世界学院（http://www.tout-monde.com/）

エドゥアール・グリッサン——列島的思考（http://www.edouardglissant.fr/）

これらのサイト（仏語）はグリッサンの作品・思想・活動を網羅的に把握するために有益なサイトである。特に、二つ目のサイトにおける「伝記」ページでは、生前のグリッサンの姿を映した様々な映像も見ることができる。

Île en île（http://www.lehman.cuny.edu/ile.en.ile/）

グリッサンも一時所属していたニューヨーク市立大学が運営するサイト（仏語）である。フランス語圏全土の作家たちの略歴と作品、さらに関連する文献情報を掲載しており、日本では情報の少ないカリブ海域諸島を含めたフランス語圏の作家をさらに知りたい場合には貴重な足掛かりを与えてくれる。

第6章

山口昌男

(1931-2013)

“知”的なピーターパンのために

川村　湊

山口昌男は、文化人類学という専門領域にとどまらない、“知の世界”の冒険者・探検者・放浪者だった。その歩みは、生まれ故郷の北海道から始まり、東京での学生と研究者の生活を経て、アフリカ、ヨーロッパ、南北アメリカ、アジアという地球上を駆け巡るものだった。それと同時に、“本”の世界の渉猟者だった彼は、やはり日本から世界中へと広がる“知の宇宙”を探究せざるをえなかった。国際的、学際的“知の世界”の豊饒さを彼ほど貪欲にむさぼった近代の日本人は少ないだろう。しかし、それは決して“象牙の塔”としてのアカデミズムの範囲内にとどまるものではなかった。既成の学問の世界は、孫悟空がお釈迦さまの掌の中で動き廻っているような閉鎖空間でしかない。そうした閉鎖空間を打ち破ろうとする者だけが、次の時代の“知的なパラダイム”を構築する。その先導者であり、煽動者である山口昌男を極私的にとらえてみようとしたのが、以下の拙文である。

1　〝失われた世界〟への先導者

私が山口昌男という名前を知ったのは、『未開と文明』という本の巻頭論文「失われた世界の復権」という文章を読んだ時だった。改めてこの本のことを調べてみると、一九六九年二月に刊行された平凡社の「現代人の思想」シリーズの一冊で、企画者の林達夫（一八九六―一九八四年）の推薦によって、山口昌男が編集を担当し、その解説として書いたものだった（のちに、『人類学的思考』（せりか書房、一九七一年）に収録された）。箱入りだが、ソフト・カバーの瀟洒な二段組みの本で、中味の論文もそれぞれ刺激的だったが、その解説文が滅法面白かった。この編著によって、山口昌男は、日本の知的現場に颯爽と登場したといってよい。私は吉本隆明（一九二四―二〇一二年）による、自著『共同幻想論』（一九六八年）への山口昌男の書いた書評に対する批判的な言辞から、逆に山口昌男の存在を知らされていたのである。

当時、私は浪人生だったが、受験勉強をうっちゃって、上京して本と映画にはまっていた。北海道の田舎町から出てきた私にとって、「東京」は知的刺激の強い街で、何よりも、新宿の紀伊國屋書店や神田の三省堂書店、日本橋の丸善などの大型書店や、神田や早稲田や本郷の古本街で、さまざまな新刊書や古本に出会えることが無上の喜びだったのである。〝書を捨てよ、街へ出よう〟といった寺山修司のアジテーションには乗らず、〝書を持って、街へ出る〟ことをモットーとしていたのだ。並木座、人世座、佳作座、そして新宿日劇地下の蠍《さそり》座。赤テント・黒テント、天井桟敷《てんじょうさじき》を巡る映画と芝居の世界が蠱惑的な光芒を放っていた時代なのだ。

「失われた世界」とは何か。それは文化人類学が研究の対象とする「未開」の世界のことだった。『カラハリの失われた世界』（一九五八年）を書いたヴァン・デル・ポスト（一九〇六―九六年）の「狩猟民の心」の抄訳などをこの本で読んで、自分の知的世界がずいぶん広がったと感じたのだが、それはその本の少し前に読んだ、中央公論社版『世界の名著』シリーズの一冊としてあった「マリノフスキー／レヴィ＝ストロース」の巻（一九六七年）に泉靖一（一九一五―七〇年）（東大駒場の文化人類学教室の創始者）が書いた解説と、『悲しき熱帯』（現在は、川田順造訳の中公文庫版が出ている）の抄訳を読んだ時の衝撃と重なるものだった。

札幌大学学長室での山口昌男（提供：札幌大学）

しかし、それだけではない。「未開」の世界、すなわち「失われた世界」とは、この論文が、ベルトルト・ブレヒト（一八九八―一九五六年）の「V効果」、つまりロシア・フォルマリストたちのいう「オストラニエ」、すなわち〝見慣れた、日常的なもの〟を〝見慣れない、非日常的なもの〟として表現する「異化効果」のことから書き始められているように、文学、演劇、絵画、映画などの芸術ジャンルから、人類学、神話学、宗教学、民俗学の新しい思想潮流が目指していた「始原世界」（それは、フロイトの精神分析の深層心理から、母胎回帰や両性具有の神話までが導き出される場所だ）への現代的な探究の旅につながるものだったのだ。モーリス・ブランショ、クロード・レヴィ＝ストロースから、ヴォルフガング・カイザー、ガストン・バシュラール、ワシリー・カンディンスキーが引かれ、一転して筑土《つくど》鈴寛《れいかん》や松田修などの国文学者、そして修験道の話から「甲賀三郎・小栗判官」の説経節の話となり、ミルチャ・エリアーデの宗教学からルドルフ・カール・ブルトマンの神学の聖書の非神話化に至るような、まさに〝目眩《めくるめ》く〟ような、思想・芸術・文化の知の饗宴をうかがわせるものだった（これらの名前は、私の学生時代やそれ以後を通じて、知的な刺激剤となり続けた）。

　アフリカやアマゾン地帯に今も残る「未開」の世界へ飛び込み、文明に毒された知性や学問ではなく、〝野生の思考〟によって、現代人の頽廃した思想や学問・芸術を一新させること。アルチュール・ランボーやアントナン・アルトー、アンドレ・ブルトンやルイ・アラゴンなどのシュルレアリストたち、パウル・クレー、ロベルト・ムージルやトーマス・マンなどの文学から美術、音楽までの二十世紀芸術の可能性こそ、文化人類学がカラハリの沙漠や、アマゾンの密林や、南太平洋の島々の「未開」の世界の中に見出すものであって、それはまさに「知の冒険」というのにふさわしいものであって、「文化人類学」というのは、「知の世界」の冒険者、革命家、探検者たらんとしていた私にぴったりの、きわめて広大な、学際的で、脱領域的な可能性のある分野、フィールドだと思われたのだ。

　どうして、文化人類学者にならなかったのか（なれなかったって）って？　現実的なことをいえば、その当時は大学で「文化人類学」を専攻する学部・学科はほとんどなかったし、あったとしても、私の受験能力で入れそうな大学はなかったからだ（東京大学の教養学部か、東京外国語大学、東京都立大学ぐらいのものだった）。それに、既成のアカデミーの世界からはずれた分野だからこそ、魅力があったわけで、講壇からの授業や、図書館や研究室の中だけにある学問とは到底思えなかったからだ（それで私は独学で文化人類学や民俗学を学ぼうと思ったのだ）。

今では日本の「文化人類学者」の代名詞とさえなっているような山口昌男でも、東京大学では国史学科出身であり（卒論は、平安時代の大知識人である大江匡房《まさふさ》論である）、東京都立大の大学院でようやく社会人類学を専攻、長い間東京外国語大学のアジア・アフリカ言語文化研究所に所属し、大学の教師として、正式に「文化人類学」という看板を掲げることはなかったのである。

山口昌男が、「文化人類学」への道を踏み出したのは、一九六四年にナイジェリアのイバダン大学に社会学の講師として行ってからのことだ（その前に、「アフリカ王権研究序説」などの論文と、『黒いアフリカの歴史』（アンリ・ラブレ）や『黒いアフリカの宗教』（ユベール・デシャン）（両書とも白水社・文庫クセジュ）などの翻訳の仕事はあったが）。二年間近くのナイジェリアでの生活と研究と調査は、机上の学問でしかなかった彼のアフリカ研究を主軸とした「文化人類学」を血の通ったものにしたのである。フィールドが、フィールドワーカーを育てるといった学問上の真理がまた一つ証明された例である。

今でこそ、レヴィ＝ストロースやオクタビオ・パス、ウンベルト・エーコやロマン・ヤコブソンなどの世界中の〝知の巨人〟や碩学《せきがく》や思想・芸術・文学の巨匠たちとサシで〝渡り合った〟とされる山口昌男だが、イバダン大学に赴任した時は、英語での授業も満足にできない、無名の社会学講師に過ぎなかった。その時のことを、本人自身がこんな風に書いている。

それから、コモンウェルスで大学講師を募集していたのを受けたら、たまたま受かったので、ナイジェリアのイバダン大学へ行きました。〔中略〕

ああいうところは、普通、採用する前に、近くだったら、飛行機代を出して呼んでインタビューをするのがつねです。ところが、日本は余りにも遠い。インタビューを抜きにして私を採用した。そうしたら、ほとんど英語がしゃべれない人間が来たというわけです。

学生もアクセントの強いナイジェリア風の英語です。私には学生の英語がわからない。学生も、私の日本語風の英語はわからない。だから、私はしゃべるふりをして、片っ端から黒板に単語を書く。すると、学生にも私がいっていることがわかるわけです。しかし、二年ぐらいたったら、学生のいうことがわかるようになり、学生も私のいうことを理解してくれるようになりました。

私の友人のイギリス人があとで、「じつは、最初のうちは心配で、ときどき廊下で聞いていたんだ。だんだんわかるような英語をしゃべるようになったな」といっていました。(『学校という舞台』講談社現代新書、一九八八年)

私にも覚えがある。三十代の初めの頃(一九八〇年代の初め)、私は韓国で日本語の教師となったのだが、「教養日本語」の授業を取っている学生はほとんど日本語がわからず、私は韓国語ができない。それで黒板に下手な、イタズラ描きのような絵を描き、ひとつずつ単語を教えていった。あるいは、私のしゃべる日本語や〝韓国語〟を、よくできる学生が韓国語に〝通訳〟して授業が進んだことがあったのだ。山口昌男が、マンガ風のスケッチをよく描いたというのも、言葉のコミュニケーションより、絵文字のようなもののほうが、いざという時には役に立つのである。

山口昌男のイバダン大学での経験のもう一つ意味は、大学の授業そのものが文化人類学的なフィールドワークの実践だったことだ。イバダン大学の社会学の教室には、複数の違う部族出身の学生がいた。少数派のイボ族と多数派のヨルバ族だ。彼らに何かの問題をテーマにディベートをさせる。訛りの強い英語でのその議論を聞いているうちに、彼らの背景にある部族間の考え方や感じ方の違いを、自ずと理解できるようになったと山口昌男は語っている。

彼の、しゃべる言語についての能力はそれほどでもなかったようだが、その読書量は厖大なものだった。英語、フランス語、スペイン語（ポルトガル語も何とか）の本を読みこなすだけの能力があり、その量と範囲の広さは尋常なものではなかった。博覧強記、汗牛充棟という言葉があるが、書物に対する山口昌男の愛情、あるいは執着は並大抵のものではない。彼の本を担当した編集者は（たぶん、山口夫人も）、世界の各地の古本屋から廻ってくる請求書に戦々恐々としていたという。海外出張に出かけた彼の留守宅に定期便のように届くのは、旅行中に買い漁った古本の荷物だった。それで道中の無事を確かめることができたのだ。

読書することと、フィールドワークをすること。人々と出会って議論をし、新しいテーマを見つけ、これまでとは違った角度や視点を見出すこと。山口昌男の「知の世界」が、こうした移動と出会い、読書と経験の蒐集によって形作られたものであることは疑う余地がない。ブロニスワフ・マリノフスキーやレヴィ＝ストロースがそうであったように、地球上ならば、海であれ山であれ、どんな地域や場所へも赴くことを懼《おそ》れない〝旅人〟だったのである。

2　中心と周縁の「ダイナミクス」

そんな山口昌男が、幼い時代には〝泣き虫で家に閉じこもって流行歌、浪曲のレコードをすり切れるほど聴いたり、ざら紙を束ねた部厚い落書き帳に朝から晩までマンガを書いている気弱な子供だった〟（川村伸秀作成「山口昌男年譜」、『山口昌男　人類学的思考の沃野』東京外国語大学出版会、二〇一四年）というから、意外である。北海道網走郡美幌町で、菓子屋を営む山口親《ちかし》・みわ夫妻の三男五女の次男坊として生まれた。菓子屋といっても、山口昌男が幼少の頃は、父親が缶に飴を詰め、子供（昌男）といっしょにリヤカーに乗せ、網走など近くの町に行商して歩いたというのだから、それほど規模の大きい菓子屋ではなかったのだろう。

当時の美幌町がどんな町だったか、簡単に説明することは難しいが、〝辺境〟といってもよい辺鄙《へんぴ》な土地であったことは間違いない。明治時代のものだが、志賀直哉の短篇小説に『網走まで』（新潮文庫）

がある。貧しい母と子が、網走へ行くために汽車に乗っている設定で、網走という町が〝とても遠い〟ところというイメージによって語られる町であることが示される。

そんな〝最果ての地〟に懲役人を収容する刑務所があり、戦前には、何度も脱獄を企てた「五寸釘の寅吉」（西川寅吉）といった凶悪犯や、戦時中には、宮本顕治などの日本共産党の大物が網走刑務所に収監されていて、思想犯・重大事件犯を収容する監獄として、〝遠い〟だけではなく、〝恐ろしく〟〝暗く、寒い〟ところというマイナスのイメージが何重にも重なる町なのだ。のちに、高倉健主演の『網走番外地』（石井輝男監督、一九六五年）というヤクザ映画のシリーズが有名になり、〝網走〟といえば、〝番外地〟、すなわち監獄、刑務所というイメージ一色に蔽われたのは、そんなに昔のことではない（主題曲『網走番外地』も大いに流行り、「あばしり」は監獄や犯罪者の代名詞となった。永井豪に『あばしり一家』（一九六九―七三年）というギャング団のファミリーを主人公にした漫画作品もあった）。

網走市は美幌町の近隣の主邑であり、山口昌男も（旧制）中学校、（新制）高校は網走に通った。山口昌男が、そんな〝辺境の地〟〝周縁の町〟に生まれ、育ったことは、その後、彼が「中心と周縁」という理論をひっさげて現代思想の世界にデビューしたことと、決して無関係ではないはずだ。

山口昌男による「中心と周縁」は主に『文化と両義性』（岩波書店、一九七五年）によって展開された。社会、文化、象徴的世界において「中心性」と「周縁性」が存在する。周縁性について、彼はこう声明している。

〔ヴィクター・〕ターナーのコミュニタスに対する関心は、それが一つの文化の中で、意識的に理解されている規範的「構造」に対する反措定であることにはじまるといってよい。彼は、文化の中で、この「反＝社会・構造」的な型に属する儀礼象徴と信仰が特に強く彫刻される三つの局面があるとする。それは、過渡性、他所者《よそもの》（アウトサイダー）性、それに構造的劣性である。我々の言い方では、この三つの境域は、そこに「周縁性」の立ち現れる場である。（『文化と両義性』）

過渡性は、簡単にいうと子供や若者などのまだ〝一人前〟の大人（人間）として見なされていない者を指し、他所者は「外来の他者」、「異人」であり、まさにアウトサイダー、ストレンジャーということになる。構造的劣性は、民族的マイノリティーや被差別者、アウトカーストの人間を差すものと考えてもいいだろう。近年においては〝サバルタン〟と呼ばれる存在と重ね合わせられるものだろう。

興味深いのは、山口昌男という人物本人に、こうした「周縁性」が当てはまるということだ。つまり、〝最果ての地〟北海道の網走郡美幌町で生まれ、網走中学校・高校を出た山口昌男が、文化的、社会的、そして政治的にも「周縁人」として資格十分であり、日本列島の国土において、東北地方や北陸・山陰地方（裏日本と呼ばれる）よりも〝もっと田舎〟で、辺境・辺陬《へんすう》の地と呼ばれる地域の出身であり（ちなみに私も網走市生まれで、山口昌男とは二十歳下の同郷人である）、オホーツク海に面した、米作北限地帯のさらに北東にあり、牧畜や北方漁業や〝番外地（監獄）〟などの生業しかないような地域が、「周縁」地域以外の何ものでもないことは明らかだ。

過渡性についていえば、近世の終わり、近代の初めにおいて、ようやく開拓移民が入っていった北海道（当時は「エゾ地」）は、「内地」に対しての「外地」であり、鳥取県出身で北海道に流れ着いた父親の子としての道産子《どさんこ》二世の山口昌男は、土着性ということでいえば、漂着民から土着民へのその〝過渡〟期的な存在である。また、幼年時にはマンガばかり書き、長じても黒板にマンガ風スケッチを描いた山口昌男の〝幼児性〟は明らかであり、その生涯を通じてのサーカスや見世物、人形劇や漫画や映画・演劇への関心、執着は、雑本や雑多な知識の狂的な蒐集癖とあいまって、彼の〝永遠の未成年〟性を証明するものにほかならない（それは、ついに幼少年年時代から成長できなかった〝永遠の少年〟ピーターパンを彷彿《ほうふつ》とさせる）。

構造的劣性については、少し口籠もらざるをえないことだが、山口昌男は、日本のアカデミーの世界において（あるいはジャーナリズムの世界においても）、アウトサイダーであり、ある意味では、アウトカースト的な待遇を受けていたことは間違いない。あれだけ優れた本を書きながら、めぼしい学術や文化・文学の賞といえば、『「敗者」の精神史』（岩波書店、一九九五年）で受賞した大佛次郎賞だけで、勲位・勲章では、文化功労者どまりで、文化勲章や紫綬褒章などとは無縁だった（瑞宝中授章というあまり格の高くない――か、どうかは本当のところはわからない――勲章は貰ったようだが。しかも、これは東京外国語大学教授や札幌大学学長を勤めた教育者としての貢献に対するもので、学者・研究者としての評価ではないように思う）。

褒賞や勲位など、そんな世俗的で、卑俗なことに山口昌男が本当に拘《こだわ》ったとは思えないから、これは別に言挙げするまでもないことだが、彼の晩年の（畢生の、といってもよい）三部作が『「挫折」の昭和史』（岩波書店、一九九五年）、『「敗者」の精神史』、『内田魯庵山脈』（晶文社、二〇〇一年）だったことは、注意しなければならないことかもしれない。「敗者」、「挫折」、そして明治の文明開化や維新の潮流に乗れず、幕臣であり、〝不平士族〟の流れを汲む文人墨客《ぼっかく》の数寄《すき》者、スネ者の集団といってよい〝内田魯庵〟の山脈（人脈）に連なる人々を描いた三部作は、山口昌男の心の中にそうした「敗北感」、「挫折感」、「アウトサイダー」的な意識が潜在していたことを表すものではないのか。

山口昌男が、自分で何度か書いていることだが、二十代の初めの頃に、柳田國男に初めて会った時、故郷を聞かれ、北海道と答えたら「あなたの出身の北海道は民俗がないから、民俗学は適しませんね」といわれたという。民俗学が非常に文化人類学に近いものと考えれば、この時、山口昌男の耳に、この柳田の言葉は、「あなたは学問に適しませんね」と聞こえたのだろう。北海道、とりわけ知床半島に近い網走地方は〝文化の果つる〟地である。冬期間、流氷で蔽《おお》われた知床半島の番屋を守る老人を主人公とした戸川正夫の『オホーツク老人』（一九六〇年）という小説があるが、それが森繁久彌の主役で映画化された時の題名が『地の涯《はて》に生きる者』（久松静児監督、一九六〇年）だった（この映画のロケの時に生まれたのが、森繁久彌作詞で、のちに加藤登紀子の歌唱で一世を風靡した「知床旅情」である）。〝文化の果て〟どころか、〝地の涯〟に近い場所に生まれ、育った者が、〝学者〟や〝文化人〟などになれるはずがない。そこは知的にも、教養的にも、学問的にも不毛な場所であり、辺境でしかありないからだ。

もう一つある。網走、美幌、釧路などの道東地方にはかつてアイヌ民族が多数居住していた。先住民としてアイヌコタン（集落）を形成し、侵略者、侵入者としての和人（シサム）と闘争や葛藤や共生の歴史を刻んできたのである。山口昌男の両親など（小規模の「飴屋」であったとしても）、開拓者、放浪者としての「内地」からの北海道移住者は、アイヌの人たちからすれば、植民者であり、その子孫はコロンの二世、三世である（私も北海道植民者の三世ということになる）。植民者の子供が、被植民者たちを対象とした「民族学」や「文化人類学」を志向するほど、〝醜い〟研究はありえない。それは単に政治的、社会的な侵略者、侵入者、征服者であるだけではなく、まさに被植民者としての民族の魂や精神、精神文化の中にまで土足で踏み込むことであり、帝国主義、植民地主義以外の何ものでもないものだ。

山口昌男は、故郷に近いアイヌコタン（美幌から「山を一つ越え」たところに「異郷（異境）」としてのアイヌコタンがあった）に、「和人」の侵入以来、家の奥から出てこずに、日本語を覚えようとも、使おうともしないアイヌの老婦人がいるという話を聞き、〝アイヌ〟研究を断念したことを告白している。遥かに遠い〝黒い大陸〟のアフリカにまで行かなくとも、〝失われた〟〝未開〟の世界は、山口昌男が生まれ育った「美幌」のすぐ近くにあったのではないか。ユーカラの口承神話や、イオマンテ（いわゆる熊祭）のアニミズムの宗教儀礼は、わざわざナイジェリアやエチオピアまで行かずとも、アイヌコタンの民族文化の古層を掘ることによって十分研究できたことではなかったのか。

ここに、山口昌男の二重の学問的な「挫折」があったのではないか。つまり、「北海道出身」だから「民俗学に適しない」ことと、「北海道の和人《シサム》の子孫」だから、アイヌ研究（民族学・文化人類学）を断念せざるをえないこと（これは研究者としての個人的な倫理に関わることだ）の、二つの「挫折」感であり、「敗北」感なのである。

3　過渡性・他所者性・構造的劣性

ところで、山口昌男の「中心と周縁」理論で重要なのは、次のような視点だろう（『文化と両義性』）。

社会が、「中心」と「周縁」の有機的な組織化の上に成り立っているということは、検討されているようで、それ程論じられている訳でもない。〔中略〕この論議の中で抜け落ちたのは、実は中心と周縁のダイナミックスの問題であったといえるかも知れない。

さらに、山口昌男は、エドワード・シルズ（一九一一―一九五年）の「中心と周縁」という論文を引用し、その論旨を検討しながら、シルズ論文の限界性をこのように書いている。

またシルズは、中心の象徴的位相を捉える構えまで示していながら、この立場を周縁に拡大することを敢てしない。いわんや、象徴的次元における周縁との緊張関係を捉えないで、中心の占める位置を真に明らかにすることはできない。〔中略〕勿論シルズは、現実の〝究極的〟構造といった表現を日常生活よりインテンシィヴな次元として捉えるまでは示す。しかしながら、現実の多次元性を説くに至らない。そうした立場では、次元の異なる現実の中では象徴としての中心が、周縁と等価物で入れ換えが可能であったり、または周縁が中心的位置を占めるという転換が起こりうることに思い至らない。

つまり、「中心」と「周縁」を象徴的次元において固定的に考えることは間違いであって、それは、その双方の立場が「入れ換わる」ようなものであり、中心的なものが周縁に押しやられたり、周縁的なものが中心的位置を占めるということが可能であるような「ダイナミックス」を持つものであり、緊張関係にあるものなのだ。

こうした中心と周縁の理論をまさに体現したのが、レヴィ゠ストロースの「構造人類学」であり、彼が主導したといわれる、二十世紀最大の思想的潮流といえる「構造主義」である。「構造人類学」は、それまで「未開」と「文明」として劃然《かくぜん》と分割されていた人類社会を、親族構造や交換や互酬性の研究によって、それがいわば普遍的な「構造」によって成り立っていることを明らかにした。いってみれば、未開社会も文明社会も、その経済的な、政治的な、象徴的な記号において同一の「構造」に還元できるのであり、私たちが「文明の中心（科学的思考、合理的な明晰性）」にいると思っていても、それが「周縁的」な神話や迷信によって半ば以上を浸蝕されていることと同義的なのである。

〈実存から構造へ〉というのが当時の思想的潮流のスローガンであり、マルティン・ハイデガー、カール・ヤスパース、ジャン゠ポール・サルトルらによって一世を風靡した実存主義が西欧現代思想の中心的位置を占めていたのに対し、フェルディナン・ド・ソシュールの構造言語学やロシア・フォルマリスム、記号学の風を受けて現代思想の王座といえる位置を占めたのがレヴィ＝ストロースに代表される「構造主義」だった。そして、この「構造主義」の原点に当たるのが、『悲しき熱帯』（一九五五年）という書物であり、その著者の若きレヴィ＝ストロースが、少壮の人類学者・社会学者としてブラジルのサンパウロ大学に赴任することから始まるというのは、すでに「構造人類学」の神話的起源となっている。ヨーロッパの学問・思想・芸術の「中心」であるフランスのパリや、ドイツのベルリン、イギリスのロンドン、イタリアのローマから〝遠く離れた〟ラテンアメリカ大陸のブラジルのサンパウロ。しかも、レヴィ＝ストロースがフィールドワークの場所として選んで入り込んだのは、アマゾン河流域のまったくの〝未開〟の地に棲む裸族、ナンビクワラ族の集落だった。周縁も周縁、「辺陬・辺境」という呼び方が、この地ほどぴったりする地域は世界中でも探し出すことが困難であろうと思われる。

『悲しき熱帯』（『悲しき南回帰線』という訳題もある）として知られる、レヴィ＝ストロースによる古典的な本は、こうしたアマゾンの裸族の集落の民族誌ともいえるし、フィールド・ノートともいえるし、さらにきわめて思索的な紀行文学作品、思想や感想の書ともいえる。つまり、この記録とも思想・哲学書とも文学作品ともつかぬ『悲しき熱帯』自体が、〝周縁的な書物〟であり、そしてそれがそのまま「西欧現代思想」の「中心」の位置を占め、「構造主義」の中心思想を担う古典的な書物と目されるようになったのだ。まさに、二重、三重の「周縁」的なところから誕生した「中心」的な思想であり、象徴的な次元での文化的制覇にほかならないのである。

山口昌男の場合も、同じようなことがいえる。彼がアフリカ研究を始め、ナイジェリアのイバダン大学に社会学の講師として赴任した時は、日本の文化人類学に限らず、学問研究の分野で「アジア・アフリカ研究」は、中心的なものどころか、「周縁」も「周縁」、辺境の僻地に追いやられたようなものだった。無名の文化人類学者（しかも、必ずしも正規の学問過程を経てきていない）がイバダン大学に講師職を見つけられたのは日本だけではなく、欧米の研究者の世界でも「アフリカ研究」は辺境のものであり（日本ほどではないにしろ）、さほど競争率が高くなかったからだと推測される。

しかし、二年近くのナイジェリア赴任を終えて、帰国し、東京外国語大学の講師となった一九六〇年代の後半期からは、そうした思想的、学問的状況がガラリと変わっていった。先述したように、現代思想の世界は、実存主義や講壇的なマルクス主義から、構造主義、新左翼の理論へと移行していった（サルトルやカミュから、レヴィ゠ストロースやルイ・アルチュセールへと）。文芸批評の世界も、ロラン・バルトやブランショ、バシュラール、ジョルジュ・バタイユなどのヌーヴェル・クリティークの批評家たちの名前が高まり、小説もアラン・ロブ゠グリエ、クロード・シモン、フィリップ・ソレルス、ル・クレジオなど（ヌーヴォー・ロマン、またはヌーヴォー・ヌーヴォー・ロマン）の翻訳が盛んに刊行されるようになった。映画のジャン゠リュック・ゴダール、フランソワ・トリュフォーなどは、まさにヌーヴェルヴァーグの花形であり、フランス文化・思想が、日本の文化界に雪崩を打って入り込んできたのである（ミシェル・フーコーやジャック・デリダ、ジャック・ラカンやジル・ドゥルーズ、フェリックス・ガタリらのポスト構造主義が日本に入って来るのも、もうまもなくのことだったが）。まさに、文化の中心が、移動、転換していった時代なのである。

もちろん、そうしたフランス思想の流行の思潮は、山口昌男自身の論述活動のためもあるのだが、文化時人類学やアジア・アフリカ研究は、人文系の知的領域において流行思想といわれるほどにまでなり、山口昌男は、いっきょに〝知的スター（あるいはトリックスター）〟の地位へ駆け上るまでになったのである。昨日まで、沙漠や荒野やブッシュの世界にいた一介の研究者、フィールドワーカーが、アカデミズムやジャーナリズムの寵児と称されるようになったのである。まさに周縁から中心へのダイナミックな転換、入れ換えが実現されたのだ。

しかし、山口昌男は、その「周縁性」を失うことはなかった。つまり、「過渡性」、「他所者性」、「構造的劣性」という三つの要素である。まさに、それは〝三つ子の魂を百まで〟のような精神であり、幼年期の行商体験のように、世界中を飛び跳ね回りながら、観劇と古本の蒐集、マンガ・スケッチ、〝好きで、興味のある人間〟との対話・対談。学問的体系の構築といったこととは無縁の、無限の好奇心と趣味的なものへの精神的傾斜は生涯変わることはなかったし、サブ・カルチャー的なものに対して終生興味を持ち続け、人生の最後に至るまで、新しい分野、新しい世界の発見や探検に余念がなかったのは、まさに彼の中に生き続けた〝幼児性〟ともいえる「過渡性」だった。

学者、研究者仲間よりも、編集者、演劇人、文学者、芸能人、政治家、哲学者、音楽家、歌手、お笑い芸人、漫画家たちとの対話や対談やシンポジウムやパフォーマンスを、心から楽しみ、飽きずに実行し続けたのは、どんな世界、どんな次元や領域、場所においても彼が陽気な「異人」であり、ストレンジャー、旅人であり、越境者であったからだろう。『へるめす』（岩波書店）という雑誌の編集、東京〝外骨〟大学（宮武外骨という異数のジャーリストを研究するグループ）を組織し、若いジャーナリストや編集者、研究者、評論家たちを集めて〝知のヤクザ組織〟としての〝山口組〟の組長を気取っていたのも、アカデミー世界のストレンジャーであり、知の世界のトリックスターとしての存在であったことを示している。

4 〝オホーツク文化〟の時代

ただ、ここでいっておかなければならないことは、山口昌男と私の共通の故郷である「網走（美幌）」という場所について、〝辺陬の地〟や〝文化果つる所〟といった言い方を頻用してきたが、少なくとも山口昌男がその少年時代を過ごした一九四〇年代は、「網走」地方が稀にみる〝知的な雰囲気〟を醸し出していた時期だったことだ。一つは、戦中から戦後直後にかけて、日本の「中心」であるはずの東京などの大都市が空襲などで壊滅状態となり、少なからぬ知識人が地方に疎開・逃避してきており、比較的食糧事情のよかった北海道の道東地方にも、こうした人たちが例外的に集まっていた。「戦争によって、近代日本の文化の中心的なところにいた人間が、中心をそのまま持ってやってきたといえそうです」と山口昌男は書く。彼は、旧制中学校の最後の世代で、新制高校の最初の世代だが、「網走」でのその中学校・高校の時代を回想して、こう書いている（『学校という舞台』）。

教師には、いろいろユニークな人がいたんですが、後の関係からいうと、戦争に負けた年、中学二年のとき、網走中学の先輩で、九州大学の大学院にいて、体をこわして教えに来た数学の大和田広元さんという先生がいました。後に九州大学の教養部の数学の教授になられました。私は、知的な人間とはこういうものかということをはじめて見ました。信欣三〔映画俳優。小津安二郎、黒澤明作品などに多く出演した〕ふうの知的な顔をして、数学以外の話がおもしろいから、私はちゃんと聞いていました。国文学者の名生望という先生は、旭川中学で風巻景次郎の一年先輩だったというのが自慢でした。

高校二年ぐらいのときに、明治大学の仏文を休学して流れてきた文学青年が、後の「展望」の編集長原田奈翁雄です。教科書を使わないで、ポール・グセルの『ロダンの言葉』とか、『若き哲学者の手記』とか、シュトルムの『暗い海』とかを読ませた。周りの教師とけんかして、文学青年でほえまくっていました。

教師だけではない。先輩・後輩の中にも、知的な生徒・学生がいた。「私が入っていたクラブはESS（イングリッシュ・スピーキング・ソサエティー）で、その創立者は今は山梨医大の哲学教授で川田殖という人です。専門は古代中世哲学で、ロイドの『アリストテレス』（みすず書房）の翻訳などをしています。神田盾夫著作集も編集しました。いうなれば、私はこの人の子分でした」と書いている。道内の交通網が回復していない時に、彼は東京まで本の買い出しに行き、満員の汽車一昼夜以上の時間をかけて、英文学の古本を買ってきたというのである。山口昌男も、東京まではともかく、札幌へ行き、狸小路の古本屋で古本を漁ったという。「一年上級生に、今、東大の英文学の教授でイェーツの研究なんかやっている高松雄一という人がいます。彼は私の家の反対の角にあった小学校の校長の子供です」。「三年下に、平城京の発掘の奈文研の室長をやっていた狩野久（現在は文化庁の主任文化財調査官）がいます。川田は網走で、私は美幌町、狩野は斜里町で、年はちがっても何となく気が合っていました」と。

おそらく、「網走」の近代史において、これほど「知的な人物」が多く輩出し、文化の中心的な地位を占めていたことは、例外的で、奇跡的なことであっただろう。比喩的にいえば、まさに〝オホーツク文化〟のルネサンスといってよい（〝オホーツク文化〟とは、本来は、古代において、アイヌ文化とは違った北方民族の文化がこの地域に花咲いていたことをいう。その遺跡としてモヨロ貝塚がある）。

これを単なる郷土自慢や、他愛ない身びいきの言辞としてとらえることは、本質を見誤っている。美幌や網走が特権的な場所だったということではない。誰でも自分の足許を深く掘り下げることによって、普遍的で、始原的な「文化」の源泉に触れることが可能になるということなのだ。また、これは山口昌男の中で、「中心と周縁」とがダイナミックに〝入れ換わり〟、〝転換〟した原初的な体験なのである。図書館も、博物館も、美術館も、映画館も劇場もロクにない北海道の片田舎の町で（あったのは、網走郷土博物館だけだ――この白亜の博物館は、私にとっても幼少年期の原体験的な思い出の場所だ）、「文化」的なものに憧れ、知的な世界への飛躍を夢見ていた少年にとって、「札幌」、そしてその先にある「東京」

は、〝夢見る〟ことしかできないような遠い遠い世界なのだった（パリやニューヨークやローマは、その先の先の、幻想の世界だった）。しかし、戦争という絶対悪が、思いもよらず、中心から遠く離れた周縁の地に〝オホーツク文化〟をもたらした。文明や文化と対極的と思われている戦争や犯罪が、こうした文化の中心と周縁の逆転という皮肉な結果をもたらすこともあるのだ。

「東京」での学生生活、駆けだしの研究者生活を送ることで、山口昌男は自らの〝優越性〟を感じざるをえなくなる。それは、他でもなく、それまでの「中心」に対するコンプレックスが逆転して、〝失われた世界〟としての「始原世界」に自分の方が近いという自覚だ。あるいは、そうした始原世界へ対する希求の強さということだ。それはまさに己れの〝構造的劣性〟を逆手に取ることによって、中心的価値を転倒させることにつながるのである。

山口昌男と親しかった小説家・大江健三郎（一九三五年―）が「東京」で、愛媛の山奥の〝森の村〟を見出し、同じく、中上健次（一九四六―九二年）が原郷としての紀伊半島、「紀州」を奥深い〝隠国《こもりく》〟として再創造していったこととそれは確実につながっている。これは単に田舎者の都会に対するコンプレックスが解消されたということではない。また、夜郎自大な地方文化の〝優越性〟を誇ることでもない。象徴的、文化的、社会的、政治的な意味において、「中心と周縁」は、かくもダイナミックに〝入れ換わる〟ものであり、それは象徴的に、文化の〝下克上〟とよんでもいいものなのだ。

山口昌男とその晩年に何度か話をする機会を持った私が、冗談のように、「網走出身の文化人（物書き）といえるには、山口さんと私と、永山則夫（〝連続射殺魔事件〟の犯人。のちに獄中で小説や思想的な論文を書いた）ぐらいしかいませんね」といい、〝オホーツク文化人の会〟を作りませんかといったら、さっそく賛意を示してくれたのは、単に同郷意識だけのものではないと思っている。「でも、永山則夫は会を開いても、出てこれないですね」と私はつぶやかざるをえなかった（彼は死刑確定囚として獄中にいたからだ。のち、死刑執行された）。

しかし、と私は最後に口籠もって疑問を呈さなければならない。永山則夫や中上健次、そして山口昌

札幌大学図書館山口昌男文庫（筆者撮影）

文庫内にある学長室で使われていた、机・椅子・ソファー（筆者撮影）

男は〝最期〟にその〝終わりを全《まっと》うした〟のだろうか、と。とりわけ、山口昌男、最晩年の「挫折者」と「敗者」と「隠遁者・隠世者」を描いた〝三部作〟によって、彼はその表現者としての〝終わりを全うした〟のかと問わざるをえない気持ちになるのだ。なぜなら、それはあまりにも敗色に包まれた、暗いトーンの作品世界ではないかと思われるからだ（永山則夫の最後の死刑執行への抵抗も）。

その意味で、山口昌男の死後に、『エノケンと菊谷栄』（晶文社、二〇一五年）と題された遺作の原稿（未完）が発見され、刊行されたことは、彼の〝終わりを全う〟せざる〝終わり〟を象徴することのようで、ホッとするものを感じさせる。そこには、未完の喜劇作者であり、プロデューサーであって戦死した菊谷栄と、晩年には両足を失った身体的パフォーマーの天才であった榎本健一（エノケン）の姿が活写されており、山口昌男のいう〝過渡性〟、〝他所者性〟、〝構造的劣性〟の三つの要素が完全にそなわり、しかも〝未完結性〟というオマケまで付いている。〝未完結性〟こそ、成熟・円熟を拒み、〝永遠の少年〟として好奇心とイタズラ心を常に保ち続けてきた彼にもっともふさわしい勲章（ワッペンのようなもの）なのである。

この、あくまでも〝終わりを全うせざる〟精神こそ、山口昌男の真骨頂といえるものだろうと、私は確信してやまない。山口昌男は〝終わりを全うした〟のかという私の愚問は、ここで見事に嘲笑、哄笑されているのである。

▒推薦図書

今福龍太編『山口昌男著作集』全五巻、筑摩書房、二〇〇二―〇三年

山口昌男に私淑していた文化人類学者・今福龍太が、彼の厖大な著作を「知」、「始原」、「道化」、「アフリカ」、「周縁」という五つの標題の論文集として再編集したもの。基本的な論文は収録されているが、山口昌男の宇宙の全体像をとらえるには、少々窮屈すぎる。同じく今福龍太の編集による『山口昌男コレクション』（ちくま学芸文庫、二〇一三年）は、入門書の入門書というところか。

・岩波現代文庫収録作品

『天皇制の文化人類学』、二〇〇〇年
『文化と両義性』、二〇〇〇年
『文化の詩学』全二巻、二〇〇二年
『知の遠近法』、二〇〇四年
『「挫折」の昭和史』全二巻、二〇〇五年
『「敗者」の精神史』全二巻、二〇〇五年
『いじめの記号論』、二〇〇七年
『道化の民俗学』、二〇〇七年
『内田魯庵山脈』全二巻、二〇一〇年
『歴史・祝祭・神話』、二〇一四年
『本の神話学』、二〇一四年

前記著作集にも主な論文は収録されているか、やはり単行本として刊行されたままの形でも読みたい読者向けの文庫本シリーズ。なお、この文章の冒頭に記した『未開と文明』は、平凡社から復刊されている。文化人類学という分野にとどまらない論文・作品のアンソロジーとして、現在においても強い〝知的刺激〟を与えるものであるだろう。

真島一郎・川村伸秀編『山口昌男　人類学的思考の沃野』東京外国語大学出版会、二〇一四年

山口昌男『回想の人類学』聞き手：川村伸秀、晶文社、二〇一五年

年譜、回想などによる山口昌男という人間についての入門書。

レヴィ＝ストロース『悲しき熱帯』全二巻、川田順造訳、中公クラシックス、二〇〇一年

文化人類学を学ぶ人のための必読書で、現代思想、学問の基本的著作である。なお、レヴィ＝ストロースについては、みすず書房からのその主要な著書が翻訳刊行されている。

▒関連情報

・アーカイブ

札幌大学図書館山口昌男文庫

山口昌男が、文化学部長・学長を務めた札幌大学（札幌市西区）の図書館の地下二階には、山口昌男が遺した和洋書約四万冊が所蔵されている。文庫A、文庫B、そして展示室を通して、山口昌男の〝知的世界〟、あるいは〝知的ラビリンス（迷宮）〟を追体験できるように配置され、マンガやアニメや世界中から集めた民俗（民族）的グッズを含めて、〝山口昌男ワールド〟が復元されている。展示室には、学長室で使われていた机、倚子、ソファーがあり、引き出しの中には手描きのイタズラ描きがそのまま保存されていた。現在は、木曜日のみ開館で、要予約。

第7章

アマルティア・セン

(1933-)

自由と正義のアイデア

森村　修

インド人アマルティア・センは、1998年度にアジア人で初めてノーベル経済学賞を受賞した。この輝かしい栄誉も、彼の子どものころの辛い経験と無関係ではない。10歳で経験したベンガル飢饉では貧困と飢饉を知り、11歳で目撃した貧しいイスラム教徒の刺殺事件では、宗教的アイデンティティと暴力が容易に結びつくことを知った。

世界中の人たちが「よき生《ウエル・ビーイング》」を送るためには、不正義を少しでも減らさなければならない。世界中のいたるところで人権侵害があり、私たちの生命や環境を脅かす暴力が満ちている。私たちは、安全が脅かされている時代に生きている。

それでもセンは、ずっと問い続けている。世界中の人たちが差別なく生命の危機もなく豊かな人生を送れるように、私たちには何ができるのか。一人ひとりの「生活の質《クオリティ・オブ・ライフ》」を高めるために、私たち一人ひとりが何を考え、行動したらいいのか。

「熱いハートと冷静な頭脳」。センを知る人たちが、口々に言う言葉だ。彼は理性を信じる。「理性的でないこと」に溢れている世界であっても、いかなる不正義も取り除き、正義を追求するためには、理性が必要なのだ。

1 「議論好きなインド人」アマルティア・セン

ノンフィクション作家・早坂隆は、『世界の日本人ジョーク集』（中公新書ラクレ、二〇〇六年）の中で、国際会議で有能な議長とはインド人を黙らせ、日本人をしゃべらせる者だというジョークを挙げている。世界的なジョークになるほど国際会議で日本人はしゃべらないし、インド人はおしゃべりが好きらしい。

まず国際会議でしゃべり続けるには、会議で緊張しないための度胸も必要だろう。それだけでなく、反論されてもひるまない主張の強さや、主張を論理的に展開できる思考力、冷静な判断力も必要になるはずだ。しかしよく考えてみれば、そもそもジョークになるほどだから、インド人ひとりひとりの問題ではなく、文化や伝統からみて、インド人は「おしゃべり好き」なのだろう。

ちなみにアマルティア・セン（Amartya Sen）は、『議論好きなインド人――対話と異端の歴史が紡ぐ多文化世界』（二〇〇五年）で、「議論好き・理屈っぽい（argumentative）」インド文化について多方面から論じている。議論好きの伝統はインド文化が多様性に満ちており、様々な時代に異端を含む様々な立場が入り乱れながらも、互いに対話を続けてきたことによる。しかも重要なのは、インドでは様々な思想的・宗教的・政治的な見解がひとつの強力な価値観に統一されず、文化や伝統の中に生きていることだ。この意味でインドでは、思想的・宗教的・政治的な多元性が一定の秩序をもって共存してきたといえるだろう。

センが一九九八年度にアジア人で初めてノーベル経済学賞を受賞したとき、受賞に対する批判の声も少なくなかった。『ウォールストリート・ジャーナル』のロバート・ポロックは、センを「難癖をつけて何でも「問題にする」ことだけは得意だ」と酷評した（トーマス・カリアー『ノーベル経済学賞の四〇年——二〇世紀経済思想史入門』参照）。こうした痛罵も、インド人センの「議論好き・論争好き《アーギュメンタティヴ》」という性質から見れば、面目躍如といえるだろう。

しかし彼の「議論好き・論争好き」はインド文化の影響もあるが、彼の中にアジアで最初のノーベル文学賞を受賞した詩聖ラビンドラナート・タゴール（一八六一——一九四一年）の精神が生きていることも忘れるべきではない。

それではつぎに、センの「理屈っぽい・議論好き・論争好き」という性質を、彼の生涯と学問との関係から辿ってみよう。そこから、センが単純な「議論好きなインド人」ではなく、「熱いハートと冷静な頭脳」をもつ理性的な人物であることが見えてくるだろう。

2 オモルト・シェンの時代——タゴール精神の継承

アマルティア・セン（ベンガル語オモルト・シェン）は、一九三三年十一月三日にインド・ベンガル地域のシャンティニケタン（ベンガル語で「平和の棲家」を意味する）で、父アシュトシュ・セン（一九〇二——七一年）と母アミタ・セン（一九一二——二〇〇五年）のあいだに生まれた。当時父はダッカ大学の土壊化学の教授だった。「不滅なるもの」という意味をもつ「アマルティア」という名は、タゴールによって命名されたという。

オモルトが三歳から六歳の間、セン一家は、客員教員をしていた父の関係で、ビルマ（現ミャンマー）のマンダレーにあったが、その後ダッカ市内のワリ地区に移った。一九四二年に日本軍がビルマに進攻し、戦渦がダッカにも及ぶことを懸念した父親は、オモルトをシャンティニケタンに移し、そこで教育を受けさせた。シャンティニケタンには、タゴールが創立した学園（現在のビッショ・バロティ大学（タゴール国際大学）付属小学校）があり、祖父はその教師でもあった。しかも彼はタゴールも尊敬する著名なヒンドゥー教学者だった。オモルト少年は、祖父や学園の卒業生だった母の影響を受けて、タゴールの学問的態度を学んでいく。

まず彼が学んだのは、理性（reason）への強い信頼だった。センは、『議論好きなインド人』の中でタゴールに触れて、自由の中での理性の営み（推論（reasoning））について語っている。タゴールは、人が自由のなかで生き、理性を行使できるのは重要なことだという信念をもっていた。センはその信念を引き継ぎ、文化的多様性と多元性を重視し、文化相対主義や偏狭なナショナリズムに陥らない姿勢を貫いていく。そして少年オモルトの正義観は後に、公平で中立な理性と理性的推論を重視する「自由と正義のアイデア」へと発展していった。

オモルトは十七歳まで学園内の祖父母の家で過ごしたが、その間に生涯忘れることのできない過酷な事件に遭遇する。一九四三年の「ベンガル飢饉」である。

3　センの経済学研究の歩み――厚生経済学の刷新に向けて

オモルトは、祖父からサンスクリット学など様々なインド文化を学んだが、結局、大学では経済学を選んだ。その理由は「経済学の奇妙な魅力《エクセントリック》」に取り憑かれたのと、倫理学や政治哲学への関心が芽生えたからだった。一九五一年カルカッタ大学プレジデンシー・カレッジに進学すると、級友シュカモイ・チャクラヴァルティ（一九三四―九〇年）を介して、ケネス・アロー（一九二一年―）の『社会的選択と個人的評価』（一九五一年）を知ることになる。

アローが唱えた「一般不可能性定理」は、二十世紀後半の社会科学の領域に一大旋風を巻き起こし、社会選択理論という学問領域が形成されるほどの影響力をもった。しかし当時のセンはその重要性を理解していなかった。五三年に学士号を取得すると、同年ケンブリッジ大学トリニティ・カレッジに留学した。

五四年の終わり頃、センは「めったに経験したこともないほど興奮して」アローの著作を再読し、何週間も「酩酊《ハイ》の状態」に陥った。センは、アローの定理が厚生経済学と倫理学にとって中心的なものであることに気づいたのだ。ただ、しばらくの間は、学位論文の執筆に明け暮れ、一九五九年に博士学位を得ることになる。

卒業後インドに帰国したセンは、二十三歳でカルカッタのジャイプール大学経済学部教授・学部長を経験し、それからデリー・スクール・オブ・エコノミクス経済学教授（一九六三—七一年）を務めた。一九六八—六九年には、ハーバード大学でアローや哲学者ジョン・ロールズ（一九二一—二〇〇二年）と共同セミナーも行っている。それらの研究成果は、『集合的選択と社会的厚生』（一九七〇年）となって結実する。

その後、ロンドン・スクール・オブ・エコノミクス（ＬＳＥ）経済学教授（一九七一—七七年）を務めながら、社会的選択理論の研究を進めた。一九七八年にオックスフォード大学（—一九八八年）に転任し、貧困・飢餓・飢饉の経済学の基礎研究や、福祉の経済学の哲学的基礎づけなど、経済学と政治哲学・倫理学を架橋する仕事に精を出した。当時の代表的な成果としては、『貧困と飢饉——エンタイトルメントと権利剥奪に関する試論』（一九八一年）や『福祉の経済学——財と潜在能力』（一九八五年）などがある。

まず『貧困と飢饉』では、「エンタイトルメント・アプローチ」を導入し、「ベンガル飢饉」や世界の貧困・飢餓・飢饉について実証的な研究を行っている。この著作が画期的なのは、飢饉研究の常識としての「食料供給量の減少（Food Availability Decline: ＦＡＤ）」アプローチを批判したことにある。

彼によれば、「エンタイトルメント」とは、私たちが社会の中で何らかのモノを所有する際に、正当な仕方で所有権を主張できる能力や資格を持つことや、自由に売買したり譲渡したりすることができる、当のモノやモノの集まりのことだ。ここで注意すべきなのは、エンタイトルメントが社会状況や経済状況と密接に関わる概念であって、単に個人の実際の購買力ではないということである。

つまり飢餓とは、食料を手に入れたり消費したりする能力・資格《エンタイトルメント》が、ある社会状況下では「剥奪状態（deprivation）」に陥ることであり、飢饉とは、その剥奪状態が急激に進行することによって生じるということだ。それゆえ飢饉は、食料の供給量が十分にあったとしても生じる可能性がある。食糧を得る能力としてのエンタイトルメントが乏しい人たちは、食糧を手に入れることができず、飢餓状態に陥る。このようにして、センは飢饉の発生が食料供給量とは実質的な関係がないことを鋭く指摘したのだった。

『貧困と飢饉』の背景には、少年時代の「ベンガル飢饉」の経験が生きている。「社会的コミットメントとしての個人の自由」というエッセイによれば、ある朝やせこけた男性が学校に姿を現し、飢えのために発狂したような素振りを見せた。しばらくして同じような人たちが数十人、数百人、数千人と行列になってセンの住む村を通り過ぎていった。飢餓状態にあった無数の人たちは、「声も絶え絶えにものごいを続け、苛酷な苦しみを背負いつつ、静かに死んでいく」しかなかった。

なぜ飢えが生じるのか、なぜ飢饉が起こるのか。オモルト少年の記憶に刻まれた飢餓と飢饉の酷い現実が、『貧困と飢饉』を書かせたといっても過言ではない。

また「生活の良さ（福祉（well-being））」の側面から、私たちの「厚生（welfare）」を再考したのが『福祉の経済学』である。彼は、「潜在能力《ケイパビリティ》アプローチ」という手段を用いて、従来の厚生経済学を批判し、私たちが生活する際の基本的な活動として、「はたらき（機能（functionings））」と「潜在能力（生き方の幅（capability））」という概念を提起した。これらの画期的な業績が注目され、「アマルティア・セン」の名前は世界中に知れ渡ることになった。

一九八八年にオックスフォード大学からハーバード大学に移り、哲学や経済学の同僚たちと共同のセミナーを開き、様々な研究を積み重ねた（一九七年）。この時期、『倫理学と経済学について』（一九八七年）、「社会的コミットメントとしての個人の自由」（一九九〇年）、『不平等の再検討──潜在能力と自由』（一九九二年）などが書かれている。

これらの著作のタイトルに見られるように、八〇年代後半から九〇年代初めのセンの研究分野は不平等や自由などの倫理学や道徳哲学の分野にも広がっている。それはセンが「自由」という概念を以前より重視し始めたということを意味する。

彼は、一九九七年にトリニティ・カレッジの学寮長《マスター》に推薦されたのを機会に、ケンブリッジ大学に戻り（─二〇〇四年）、翌一九九八年十月にノーベル経済学賞を授与されることになる。またノーベル賞の賞金をもとに、インドとバングラデシュに基礎教育と社会的な男女平等の達成を目的とした「プラティチ財団」を設立した（一九九八年）。

二〇〇四年から再びハーバード大学に戻り、八十歳を過ぎた今も世界を飛び回っている。九〇年代以降の代表的な著作としては、『自由としての開発』（一九九九年）、『合理性と自由』（二〇〇二年）、『議論好きなインド人』（二〇〇五年）、『アイデンティティと暴力』（二〇〇六年）、『人間の安全保障』（日本語版独自編集、二〇〇六年）、『正義のアイデア』（二〇〇九年）などがある。

それでは次に、センの「自由と正義のアイデア」を中心に、彼の思想の概略を述べることにしよう。

4　アマルティア・センの「思想」――自由と正義のアイデア

Ⅰ「合理的な愚か者」批判――「共感」と「コミットメント」

センの経済学における主たる業績は、自己利益だけを動機として行動する「合理的な愚か者《ラショナル・フール》」という人間像を用いて、正統派経済学批判を展開したことにある。正統派経済学は人間の合理的行動を極端に抽象化し、「経済人《ホモ・エコノミクス》」というモデルを構築した。正統派経済学では、財やサービスから得られる満足としての「効用（utility）」を最大化することが目的だった。しかしセンによれば、「経済人」は、自分自身の利害、生活の良さ《ウエル・ビーイング》（＝福祉）、物事を選択する際の選好という様々な動機を区別しない「合理的な愚か者」でしかない。

もちろん私たちは、「合理的な愚か者」像のように、自己利益だけで行動したりはしない。私たちの行動には、動機や欲求や感情が複雑に絡み合っている。しかも正義感や、やむにやまれぬ感情に動かされて、自分の「よい生《ウェル・ビーイング》」が犠牲になるにもかかわらず、行動を起こすことがある。

それゆえセンは、「合理的な愚か者」に対置して、私たちと等身大のモデルとして、互いに相互依存関係にある個人を考えた。そこで重要になるのが、「共感《シンパシー》」と「コミットメント」という概念である。共感とは、他者への関心が直接自分自身の厚生（福利・幸福）に影響を及ぼす場合に用いられる概念である。それに対してコミットメントは、自分には低い厚生しかもたらさないことを知りつつ、他人のために行為を選択する場合に用いられる概念である。

たとえば、もし他人がいじめを受けていることを知ったことで、あなたの心が痛み、何らかの行動をするならば、それは共感に基づく行動である。しかし共感に基づく行動は、利己主義的でしかない。なぜならその行動によって、自らの効用（満足）を促進させることが含まれるからだ。

しかし、もし他人がいじめにあっていることを知ったことで、あなたの個人的な境遇が悪化したとは感じないけれど、他人がいじめで苦しむのは不正なことだと考え、いじめをやめさせるために何かをするとすれば、それはコミットメントに基づく行動である。つまりコミットメントは、あなた自身の生が危機的になる可能性を視野に入れた上でも、そうした行動を実現するということを意味する。だからコミットメントに基づく行動は非利己的行動なのだ。自分の境遇とは別に、ある状況に対して、「引くに引かれぬ感情《コミットメント》」を抱いて、肩入れ《コミット》をするのだから。

それでもコミットメントが、常に倫理的に望ましい行為であるとは限らない。ある特定の政治的イデオロギーや宗教に没頭することで、自分や他人の人生を破壊することもあるからだ。それゆえ私たちは、自らの人生を賭けてまで、他人のために行動することを非合理だと考えることもある。他人のために自分を犠牲にするなど、愚か者のすることだと考える人たちは少なくない。

それでは、センはコミットメントを強調することで、私たちの非合理な行動を推奨しているのだろうか。もちろん、そうではない。コミットメントに基づく行為が非合理な行動ではなく、たとえ自己犠牲を伴うとしても、あなたが行動を起こそうとするのは、そこに合理的な判断として「不正義の認識」があるからだ。

ただコミットメントには、まだ自己利益の残滓が残っている。コミットメントにも、自己犠牲という要素が含まれているからだ。それゆえセンは、共感やコミットメントという自己利益的行動から離脱して、純粋な利他的行動を起こす必要があるという。

Ⅱ 「中立的な注視者」——理性的他者の立場

そこでセンは、『正義のアイデア』の中で、アダム・スミスの『道徳感情論』の「中立的な注視者(impartial spectator)」概念に着目する。それは、行動を起こす人に自己利益を抑制させ、他人の目を通じて行動をチェックする「心の中の人」である。センが中立的な注視者を重視するのは、それが理性に根ざしていると考えるからである。しかも中立的な注視者は「開放的中立性」を持ち、コミットメントに基づく行動が正義に値するか否かを判断するのである。

センによれば、理性こそが是認や否認の源泉であり、原動力なのだ。そして私たちは、理性に基づいて自分の行動を判断するとき、他の公平で中立的な注視者ならそうするだろうと思われる方法で吟味する。そこでは、「理性のはたらき」としての「推論(reasoning)」が重要になる。

ここで忘れてはならないのは、中立的な注視者は、単に私たちの心の中にいるだけでなく、社会に属する他人でもあるということだ。私たちは、社会にいる利害関係のない人々による判断を中立的な注視者の判断として取り入れている。「遠く離れた「注視者」の立場からはどのように見えているのか」を行動の基準にすることで、私たちの行動が独りよがりにならず、その行動に対して、客観的で理性的な評価が下されるのである。

しかも正義は単に行われるべきものではなくて、「行われているのが見られなければならない」。なぜなら、正義が行われていることが誰の目にも明らかなとき、正義はもっと実行されやすくなるからだ。センが「合理的な愚か者」に対置するのは、共感やコミットメントに基づく行動を理性的に判断し実行できる個人という人間像である。端的に言えば、「中立的な注視者」に基づく「アダム・スミスの合理的人間像」のことだ。それは、正義が行われていることを目撃するために、「しっかりと他者との交わりの中に」いて、「その人が所属する社会のただ中にいる」のだ。この点について、センは、『自由としての開発』では「その人の評価も行動も他者の存在を呼び起こすのであり、個人は「公衆」から切り離されていない」と語っている。

センは、私たちが他人と相互依存関係の中にいる理性的で自由な個人であるということを根拠にして、正義を語る。私たちが個人的な自己利益を超えて、社会正義の実現に向かうとき、そこには十分な合理性がある。しかし注意すべきなのは、理性的に行動することが合理的であるとしても、私たち誰もが不正義を取り除くために生きているわけではないということだ。私たちは、自分自身が望まないならば、必ずしも他人のために生きる必要はない。「他人がしたいようにさせよ」ということは、常に有効なのだ。というのも私たちは、他人に対して何かをすることもできるし、しないこともできるという「選択の自由」を持つからだ。

III 「潜在能力」という名の「自由」

それゆえ、共感もコミットメントも、選択の自由を含む「実質的な自由」という観点から考えることができる。選択の自由をもつということは、「よい生」にとって重要であるが、単にそれだけでない。実質的な自由そのものがあるということが重要なのだ。センは、この実質的な自由を「潜在能力〔生き方の幅〕」と呼んだ。『福祉の経済学』以降、彼は「潜在能力《ケイパビリティ》アプローチ」から、不平等や貧困の問題に接近していく。

> 潜在能力〔生き方の幅〕とは、何よりもまず、価値ある諸々のはたらき《ファンクショニング》を達成する自由を反映《リフレクション》したものである。それは、自由を達成するための手段ではなく、自由そのものに直接注目する。そして、それは私たちが持っている実際の選択肢が何であるかを明らかにする。この意味で、潜在能力〔生き方の幅〕は実質的な自由を反映したものであるといえる。はたらき《ファンクショニングズ》が個人のよい生《ウエル・ビーイング》の構成要素である限り、潜在能力〔生き方の幅〕はよい生を達成しようとする個人の自由を表している。（Sen, Amartya, *Inequality Reexamined*, Harvard University Press, 1992, p. 49／アマルティア・セン『不平等の再検討——潜在能力と自由』池本幸生・野上裕生・佐藤仁訳、岩波書店、一九九九年、七〇頁。訳文は変えてある）

私たちの生は、「何かをすること」や「ある状態でいること」という「はたらき〔機能〕」の組み合わせでできている。センは、私たちの「生活の質（QOL）」が「価値あるはたらきを達成する潜在能力という観点から評価されるべきだ」と考える（「潜在能力と福祉」、マーサ・ヌスバウム＆アマルティア・セン編『クオリティー・オブ・ライフ――豊かさの本質とは』、一九九三年所収）。この場合「はたらき」とは、例えば、「栄養状態が適切であること」、「よい健康状態であること」から、より複雑なものになると、「自尊心を持つこと」、「社会の一員として生きること」などである。

しかしどれくらい潜在能力を持っているかなどは、当事者しかわかりえないし、その価値の重さは個人によって大きく異なる。その意味で潜在能力（生き方の幅）は、個人の属性とみなされなければならない。そして理性にとって重要なのは、潜在能力や「はたらき」が、社会状況とどのような関わりを持っているかに注意することだ。

深刻な貧困が蔓延している地域では、個々人の基本的な潜在能力が欠如しており、それを現実化した「はたらき」も制限されている。そして貧困がアイデンティティや暴力と結びつくとき、基本的な自由すら簡単に侵害されるのである。

センが貧困によって「生き方の幅」、より広い意味では「生」そのものが失われる事件を目撃したのは、彼がまだ十一歳（一九四四年）のときだった。それがイスラム教徒の日雇い労働者カデル・ミヤ刺殺事件である（「社会的コミットメントとしての個人の自由」参照）。

ある日の午後オモルト少年の家の前で、ひとりの男がヒンドゥー教の暴徒に背中を刺され、大量の血を流しながら彼の家に逃げ込んできた。その男がカデル・ミヤだった。彼はわずかな報酬を得るために、近くの家まで一山の薪を届けにきたのだった。

センー家がダッカに居住していた当時、市内ではヒンドゥー教徒とイスラム教徒の暴力衝突が勃発し、凶暴な殺戮が繰り広げられていた。それゆえダッカの町では、ヒンドゥー教徒とイスラム教徒は別々の地域に居住していた。しかしカデル・ミヤは家の食べ物が底をつき、食料を手に入れるために仕事を探そうと思って、危険を承知の上でイスラム教居住区を出て、ヒンドゥー教居住区に足を踏み入れてしまった。父親が怪我をしたカデル・ミヤを病院に連れて行く間、彼はオモルトに向かって、妻から宗教間の騒動が収まるまでは敵対するヒンドゥー教徒の居住区にはいかないでと制止されていたと、うわごとのように言い続けていた。そして病院で亡くなった。

この事件は、オモルトの心に貧困や経済的不平等、宗教的アイデンティティに基づく対立と暴力、経済的不自由が「よい生（福祉）」を侵害するばかりでなく、人を死に至らしめることもあることを刻み付けた。

センはカデル・ミヤ刺殺事件から多くの教訓を得た。「潜在能力アプローチ」から考えたとき、カデル・ミヤ事件はどのように見えるのだろうか。まず彼は、自分の意志で生きるという自由、自らの仕事をもつという自由を殺人によって奪われたといえるだろう。もちろん妻の忠告に従って、外出しなかったならば殺されなかったかもしれない。しかしそれは、暴徒のために外出できないという不自由な状態に陥ることであり、結果的に仕事を得ることも不可能になってしまう。

いずれにせよカデル・ミヤは、殺される前から彼の潜在能力（生き方の幅）が損なわれていたといえるのである。確実にいえるのは、彼の家に食べ物さえあれば、あえて危険を冒してまで働きに出ることはなかったということだ。要するに、彼は根本的にいって、経済的に不自由だった。

まずカデル・ミヤが自由だということが意味するのは、彼にとっていつでもどこへでも出かけることができるという潜在能力（生き方の幅）が確保されており、どんな仕事にもありつくことができる自由を持っており、その自由を実現できる社会が必要だということだ。それは、貧困も差別も暴力もない自由な社会でなければならない。

カデル・ミヤ事件を分析してわかるように、私たちが自由に考え、選び、行為するときでも、それらの日常生活の「はたらき」は、状況の制約を受けている。たとえ個人的な動機や感情や正義感で行為したとしても、その行為は状況との相関関係を抜きには現実化されない。個人の思考や選択や行為は、その個人が属する社会とは切り離せないし、個人によって社会的制約が異なる。

それゆえ、中立的な注視者の立場から個人の潜在能力を考察するときに重要なのは、個人の思考や選択や行為を単純な「はたらき」としてだけ理解するのではなく、社会との関わりの中で、その行為が為されたことを見逃さないことだ。

カデル・ミヤが異なる居住地に踏み込まざるを得なかったのは、彼が望んだわけではないし、妻が要求したわけでもない。経済的不自由のゆえに、潜在能力（生き方の幅）が小さくなり、実現される「はたらき」が減少したことが原因である。それゆえ、彼は外出せざるを得なかったのだ。つまりカデル・ミヤの事件から学ばなければならないのは、私たちは、中立的な注視者の立場に立って、カデル・ミヤのように、個人の自由がいかなる理由であれ侵害されたとき、それは不正義だと理性的に判断してよいということだ。

5　運命を構築すること——行為主体者としての自由

センは、二十一世紀になっても、インドは相変わらず貧しく、世界中でも紛争や暴動がたえないという。様々な国や地域で経済的不平等が放置され、「持つ者」と「持たざる者」の間には大きな隔たりがある。地域によっては性差別が横行し、多くの女性たちが必要な教育を受けられなかったり、暴力に晒されたりしている。経済的・政治的に弱い人たちが不平等によって一方的に自由を剝奪され、生きるすべを奪われていく。

日本でも、不平等や差別、排除や暴力がある。障害を抱えている人たちは、豊かと言われている日本の社会で蔑《ないがし》ろにされている。もちろん日本の社会は、私たち個人の自由を積極的な価値として認めている。それでは、どうして「生き方の幅《ケイパビリティ》」が制限されている人たちが私たちの国や世界からいなくならないのか。自分たちの潜在能力《ケイパビリティ》を確保し、それを「はたらき」として実現しながら、他者から侵害されない自由を確保するために、社会をどのように変えていかなければならないのか。

センは『自由のアイデア』の中で、自由を評価する観点として「生活の良さの自由《ウエル・ビーシング・フリーダム》」と「行為主体性の自由《エージェンシー・フリーダム》」とを分けていた。前者は「その人自身の生活の良さを促進する自由」であり、後者は「ある人が追求する理由があると考える目標や価値であれば、何であっても促進する自由」を意味する。しかも行為主体性の自由は、たとえそれを行使することが自分の「よき生」を侵害することでも不合理ではないし、十分な理由（＝理性）があると考えることだ。確かに私たちは、「生活の良さの自由」をもち、実際にその自由を行使できる。その一方で、社会の不正義を取り除き、少しでも正義を実現しようと、自らの「よき生」を犠牲にする行為主体《エージェント》として社会正義のために実際行動を起こすことができる。しかし忘れるべきではないのは、生活の良さの自由を追求する行為であれ、行為主体性に基づくコミットメントのような行為であれ、行為には責任が伴うということだ。自由な行為には、行為の主体性《エージェンシー》が伴っている。

確かに不正義な社会に対して、私たちができることは限られている。しかし、センによれば、内面化した中立的な注視者によって、私たちは「近くにいる人と同様に、遠くにいる人の思慮をも活用することができる」。もちろんグローバルな世界には様々な立場や観点が存在し、様々な理性（理由（reason））のあり方が存在する。それでも中立的な注視者の立場から、理性的な推論に基づいて、「グローバルな公共的討議」を行うことができるはずだ。『正義のアイデア』でセンもいうように、私たちの手には、グローバルな正義のための重要なグローバルな対話がある。それは、マスメディアや政治運動を通して、市民的組織やＮＧＯを通して、労働組合運動、協同組合運動、人権キャンペーン、フェミニスト活動など様々な社会事業を通して行われる。センによれば、中立的な注視者の「開放的中立性」は全く無視されてはいない。

センは、〈グローバルなテロリズムが横行し、グローバルな経済危機の克服は不可能であり、文化の違いによって、もはや互いに理解し合えないのだ〉という主張を否定する。センは、今日、もう一度主張する必要があるのは、スミスの中立的な注視者が提起する断固として「開放的な」視点だという。それは、私たちが生きている相互に連関しあった世界で、道徳哲学や政治哲学における中立性の要求の理解に大きな違いをもたらすことができるという。

何よりも重要なのは、私たちの手には自由があるということだ。センは、自由の「受動者」中心の思考から、自由を行使する「行為主体者」中心の思考へとパラダイム転換を図ることを訴える。彼は『自由としての開発』の中で次のようにいう。

適切な社会的機会を与えられれば、個々の人間たちは自分の運命を効果的に構築し、互いに助け合うこともできる。個々人をもっぱら巧みな開発プログラムが生みだす利益の受動的な受益者としてみなす必要はない。自由で持続可能な行為主体性——さらには建設的な切望——の積極的な役割を認めるためには、強い合理的な根拠があるのである。(Sen, Amartya, *Development as Freedom*, Oxford University Press, 1999, p. 11／アマルティア・セン『自由と経済開発』石塚政彦訳、日本経済新聞社、二〇〇〇年、一〇頁)

私たちは適切な機会さえあれば、自由を行使し、自分の運命すら変えることができる。アダム・スミス『道徳感情論』に付した序文の中でセンは、私たちすべての人間は、「同じような潜在能力〔生き方の幅〕を持って生まれついた」のであり、「世界の不平等は本来的な差異を反映したものではなく社会が生み出したのだ」と語っていた。そうであるならば、私たちは、いつの日か世界から不正義をなくすことができるはずだ。

■注

アマルティア・センの伝記的事実については、下記の著作を参考にした。

・我妻和男『タゴール——詩・思想・生涯』麗澤大学出版会、二〇〇六年
・アマルティア・セン『議論好きなインド人——対話と異端の歴史が紡ぐ多文化世界』佐藤宏・粟屋利江訳、明石書店、二〇〇八年
・アマルティア・セン「社会的コミットメントとしての個人の自由」、『みすず』、一九九一年一月号
・大石りら「アマルティア・セン　人と思想」、『貧困の克服——アジア発展の鍵は何か』集英社新書、二〇〇二年
・川本隆史『現代倫理学の冒険』創文社、一九九五年
・鈴村興太郎・後藤玲子『アマルティア・セン——経済学と倫理学』実教出版株式会社、二〇〇一年
・ノーベル賞公式サイト「アマルティア・セン」(http://www.nobelprize.org/nobel_prizes/economic-sciences/laureates/1998/sen-bio.html)
・W. Gaertner and P. K. Pattanaik, "An Interview with Amartya Sen," *Social Choice and Welfare*, 1988, 5, pp. 69-79

■推薦図書

アマルティア・センの英語による原著書は平明で読みやすいので、英語さえ苦手でなければ、ぜひトライしてもらいたい（主要著作の訳書も多数出版されているが、同じ原語に異なる訳語が使われていたり、意訳しすぎていたりして、正直に言って、学問的に疑問なしとしないという理由もある）。

・センの著作

アマルティア・セン『正義のアイデア』池本幸生訳、明石書店、二〇一一年
センの思想を学ぶのに最適な一冊。結構分厚く、正義という難しいテーマを扱っているので近寄り難いが、インド古代思想から現代のグローバルな正義まで扱っており、読み応えがある。訳文も平明で読みやすい。

アマルティア・セン『議論好きなインド人――対話と異端の歴史が紡ぐ多文化世界』佐藤宏・粟屋利江訳、明石書店、二〇〇八年
インド人としてのセンの面目躍如たる本。「おしゃべりなインド人」という世界的なジョークを逆手にとって、インド人の「議論好き」という点を強調することで、西洋人だけが言論を重視している訳ではないことを主張する。特に、名づけ親のタゴールとマハトマ・ガンジーの比較も興味深い。

アマルティア・セン『自由と経済開発』石塚雅彦訳、日本経済新聞社、二〇〇〇年
ノーベル章受賞後の後期セン思想を代表する本。自由を基調にした「人間開発（human development）」の重要性を説いており、理論的な側面もありながら、実は極めて実践的な著作。ただ読みやすさを重視したのか、訳文が原文とかけ離れている箇所もあり、不正確で恣意的な訳文と言わざるをえない。他の著作との訳語の不統一や意訳もあって、他の著書と同じ著者が書いたとは思えない難点がある。

アマルティア・セン『人間の安全保障』東郷えりか訳、集英社新書、二〇〇六年
最近のセンの活動を知る上で貴重な一冊。新書ということもあって手軽に読めるが、けっこう奥深い。「です・ます」調で書かれていながら、中には哲学論文も入っていて、内容は濃い。同じ集英社新書からアマルティア・セン『貧困の克服――アジア発展の鍵は何か』大石りら訳、二〇〇二年も出ている。訳者解説「アマルティア・セン　人と思想」は、センの早わかりとしては役に立つ。

・解説書　入門編
絵所秀紀・山崎幸治編『アマルティア・センの世界――経済学と開発研究の架橋』晃洋書房、二〇〇四年
センの経済学・開発経済学などの入門解説書。「序章　アマルティア・センへの招待――基本概念を中心にして」は、センの概念を解説していて、センの著作を読むための手引きとなる。著作ごとに異なる多様な訳語への指摘もあって有益である。

神島裕子『ポスト・ロールズの正義論――ポッゲ・セン・ヌスバウム』ミネルヴァ書房、二〇一五年

センの専門研究書ではないが、センの盟友で女性哲学者マーサ・ヌスバウム（一九四七年―）を中心に研究している若手女性研究者の著作。よくまとまってはいるが、ツッコミが甘いのが残念。

・解説書　中級・上級編

鈴村興太郎・後藤玲子『アマルティア・セン――経済学と倫理学』実教出版株式会社、二〇〇一年

鈴村はセンも敬意を表する研究者であり、後藤はその弟子。専門家二人によるセンの経済学研究の専門書。「経済学と倫理学」という副題がついているが、セン経済学の解説本だと考えていい。その意味で、センの「倫理学」については、考察の掘り下げが足りない。後藤には、ロールズとセンを比較研究した『正義の経済哲学――ロールズとセン』（東洋経済新報社、二〇〇二年）がある。また最近出版された『福祉の経済哲学――個人・制度・共同性』（ミネルヴァ書房、二〇一五年）もある。ただ後藤も「経済哲学」と名づけているが、経済学と福祉学の領域を出ていない。その意味で、専門的な哲学研究ではない。センの「倫理学」を、現代倫理学の文脈に位置づけるという意味では、川本隆史『現代倫理学の冒険――社会理論のネットワーキングへ』（創文社、一九九五年）がある。刊行二十年を経過して多少古くなったが類書がないので、今でも学ぶことが多い。

・応用編

アダム・スミス『道徳感情論』村井章子・北川知子訳、日経BP社、二〇一四年

アダム・スミス『道徳感情論』高哲男訳、講談社学術文庫、二〇一三年

「経済学の父」アダム・スミスの主著のひとつ。村井・北川訳はもっとも新しい翻訳で、アマルティア・センの序文が訳出されている点が特徴である。本書は経済学の古典中の古典でありながら、最近では専門家以外にはあまり読まれない。哲学業界でも、スミスを始め、シャフツベリや、スミスの恩師にあたるハチソン、「モラル・センス」学派やこの時期の研究は、重要でありながら、なかなか興味をもたれない。その意味で、センが「スミスは倫理学における中立性と普遍性について多くの意味で先駆的な分析を成し遂げたにもかかわらず〔中略〕、現代の倫理学と哲学分野ではほぼ全面的に無視されてきた」（同書、四頁）と嘆いているのも無理はない。ただ村井・北川訳は斬新というか新奇というか伝統的な訳語を採用していないので、原文と照らし合わせないと、文意がわかりにくい。高訳は丁寧できちんとしている。少々堅苦しいところもあるが、それがいいという場合もあるだろう。訳語の選定も、ある程度既訳を踏襲しているので安心できる。

第8章

寺山修司

(1935-1983)

ポエジイによって越境した〈詩人〉

守屋貴嗣

寺山修司といえば、多くの人は真っ先に演劇実験室「天井桟敷」の演出家、劇作家としての一面を思い浮かべるのではないだろうか。あるいは、「俳句、短歌、詩、ラジオドラマ、演劇、映画、評論、競馬コラム……。ジャンルを超えて表現し続けた寺山修司」(『読売新聞』2013年4月19日付)、「47年というその短い生涯の間に、文学、演劇、映画、競馬評論とマルチに活躍した寺山修司」(『日経トレンディネット』2013年4月16日付) との説明のように、多彩なジャンルでの活動や膨大な量の文芸作品を発表し、「言葉の錬金術師」の異名があったことが思い出されるであろう。本業を問われると「僕の職業は寺山修司です」と返答していたという。

その一方で、現在では寺山の営為に関わる文脈の多くは忘却され、その活動が定型的なイメージで捉えられやすくなっていることも否定しがたい。寺山が様々な方面で才能を発揮したのは周知の事実だが、教科書にその作品が掲載されるなど、寺山文学は10代の思春期の感性に時代を越えて語り続けており、作品の持つ普遍性は新たな読者を獲得している。近年、これまで語られてきた寺山修司の文学的成長過程の定説を新たにするような多くの資料の発見も研究者らによって行われている。

ここでは、寺山の創作活動の原点ともいうべき青春時代を紹介し、創作意識が語られた論争などを取り上げ、再検証していく。

1　寺山修司の文化人化

寺山修司は様々な芸術ジャンルにおいて活躍し、多くの作品を残した人物として知られている。短歌、俳句、小説といった文章表現のみならず、ラジオドラマやテレビの脚本、また自ら劇団を主宰した演劇人であり、映画人として脚本・監督をつとめ、一九六〇年代には前衛表現の旗手として活躍した。『家出のすすめ』（角川書店、一九七二年三月）や『書を捨てよ、町へ出よう』（芳賀書店、一九六七年三月）といったエッセイは現在でも有名であり、その活動は固有のジャンルでは捉えきれない。そのことを象徴する出来事として、自らの職業を「寺山修司」と肩書きしたエピソードは有名である。寺山は一九五〇年代の戦後日本のマスメディア発達の中で自らの活動範囲を拡大させていった人物である。雑誌やテレビといったメディアにおいて、何か固有の「型」にはまることなく、ジャンルを横断しながら作品を発表していった。

しかし、当時の作家や詩人は、多かれ少なかれ様々なジャンルで活動していた。寺山がライバル視していた三島由紀夫（一九二五―七〇年）は多くの戯曲を書き、映画俳優として『空っ風野郎』や『憂国』に出演している。寺山とともにアングラ四天王として括られる唐十郎（一九四〇年―）は「佐川君からの手紙」で第八十八回芥川賞を受賞した作家でもある。寺山修司のみが多ジャンルで活躍したわけではない。

『広辞苑』（第六版）には、「文化人」とは「知的教養のある人。多く社会的活動にかかわる学者・芸術家などにいう」と記されている。丸山眞男（一九一四―九六年）は「「インテリの芸能人化」と「芸能人のインテリ化」という二つの傾向が合流して、その両方を共通に括る言葉が必要になり、「文化人」という言葉が出て来た(1)」と述べた。これらに則るならば、本来の芸術分野での創作活動ばかりではなく、月刊誌や週刊誌への寄稿を数多く行い、テレビへの露出も多かった寺山は、現在的な意味でもまさに「文化人」であった。だが寺山の残した数多くの作品を見ると、決して日本国内の「文化人」として理解することが正しいとは思われない。

寺山修司（撮影：有田泰而氏）

寺山修司の学術研究会として二〇〇六年に発足した学会名は、「国際寺山修司学会(2)」である。日本国内の学術研究界において、個人名をそのまま会の名として使用する学会や研究会は数多く存在するが、「国際」を冠しているのは唯一のことと思われる。

ここでは、当時の寺山の活動を通して、単に文化人と見做されていく過程に注目するのみではなく、その国際性はいかに見出せるのかを評論や論争を通して芸術思想を中心に、ジャンル横断的な活動の意味を見出してみたい。

2　歌人としてのスタート――模倣と改作と若さ

寺山修司は一九三五年十二月、父・寺山八郎、母・はつの長男として青森県弘前市紺屋町に生まれた。警察官である父の転勤によって、五所川原、浪岡、青森、八戸と青森県内各地を転居している。父が出征した後は母と二人で青森市内へ転居し、青森市橋本小学校に入学している。一九四五年の青森大空襲では家を焼け出され、父方の伯父が営む三沢駅前の寺山食堂二階に間借りし、古間木小学校に転校する。父はセレベス島で戦病死（アメーバ赤痢）し、母は青森県三沢の米軍ベースキャンプで働くことになる。米軍基地内で働く母は次第に帰宅が遅くなり、服装も派手になっていった。そのような母の仕事が原因で、寄宿先の伯父との関係が悪化し、寺山母子は米軍払下げの家（「スモールハウス」と呼ばれた）に転居する。「修司の母・はつは、メイドの仕事で昼はおらず、夜も殆ど帰らなかった。修司は年中一人で過ごしていた」(3)という。寺山は小学校卒業後、三沢の古間木中学校に入学するが、母が米軍の上司とともに福岡県芦屋町へ転勤することになったため、青森市で映画館歌舞伎座を営む母方の大叔父夫婦に引き取られた。そのため寺山は青森市の野脇中学校に転校する。ここで寺山の文芸仲間となる京武久美《きょうぶひさよし》（一九三六年―）に出会う。このときから寺山母子は別々に暮らすことになる。

中学卒業後は、太宰治の出身校でもある青森高校（旧制青森中学）に進学し、新聞部と文芸部に所属した。ここで同じく進学した京武の俳句が地元紙で第一位入選作として掲載されているのを知り、寺山の文学熱は一気に加速していく。

寺山の幼年期の生活が恵まれたものであったとは言い難い。その寺山の名が活字として世の中に登場するのは短歌においてである。一九四六年に発表された、桑原武夫（一九〇四―八八年）による第二芸術論（「第二芸術――現代俳句について」、『世界』十二月号）、その他、小田切秀雄（一九一六―二〇〇〇年）の「歌の条件」（『人民文学』三月号）や臼井吉見（一九〇五―八七年）の「短歌への訣別」（『展望』五月号）といった短詩形文学の否定的評論の影響は、一九五〇年代においても文学界に浸透しており、その上、一九五三年には斎藤茂吉、釈迢空という大御所が相次いで亡くなった短歌界は、消沈の真っただ中であったと言えよう。そのような時期、『短歌研究』は商業誌として、編集者の中井英夫（一九二二―九三年）の発案により作品五十首を公募し、新人発掘を目論んだ。既成結社からではなく、商業誌から新鋭の新人歌人を登場させることが狙いであった。徒弟や同人と関係性の無いメディア媒体からの新人発掘は、短歌ジャンルのみならず、戦後文学史の特徴である。

第一回の新人賞特選は中城ふみ子（一九二二―五四年）、第二回新人賞特選が当時十八歳の寺山修司である。一九五四年四月に、第一回『短歌研究』新人賞特選を受賞した中城ふみ子の「乳房喪失」は、次のような作品であった。

　唇を捺されて乳房熱かりき癌は嘲ふがにひそかに成さる
　メスのもとあばかれてゆく過去がありわが胎児らは闇に蹴り合ふ

担はれて手術室出づその時よりみづみづ尖る乳首を妬む
われに似たる一人の女不倫にて乳削ぎの刑に遭はざりしや古代に
白血球乏しくし病む薄明に誰が顔か滲みあはれみて消ゆ

受賞掲載作冒頭の五首である。「現在、札幌市医大病院放射線科五」と紹介された中城は、まさに治療中の乳がん患者であり、その心情吐露と併せて、妻のある男性との恋愛、離婚といった題材を詠んだ赤裸々な人生告白はショッキングであり、強烈なインパクトがあった。翌月には角川書店刊行の『短歌』にも、すでに大家であった川端康成（一八九九―一九七二年）の推薦文付きで五十一首が掲載され、当時その登場は、作品の内容からもスキャンダルであり、事件と言えるものであった。結果的に、初めから特定の選者を立てずに「原稿は編集部にて選衡」という形式で行った「第一回作品五十首募集」は大成功であった。そこで目を引いたのが、中城をはじめ石川不二子（一九三三年―）や大塚陽子（一九三〇―二〇〇七年）といった女流歌人の登場であった。

続いて、同年十一月に、寺山修司の「チェホフ祭」が特選に選出された。中井英夫は、「いまここに多くの清新な作風をもつて幾人かの作家が登場し、稚さとか未熟とかの常識的な危惧を吹き払ふ数多くの佳品を示し得たこれは、とりも直さず短歌の上に再び若さが権利を取戻す兆候といへないだらうか」、「一口に現代短歌といふその核の部分を今日に支へてゐるのは多く中年の歌人であり、その人々が長い努力の果に積み重ねて来た精神財は現代にあつて愈々貴重といへるが、より若い世代の短歌がそれに従順である必要はもとよりない。のみならず全くその努力を無視するが如き発想を持ったとしても無知の故でない限り寧ろ正しいといへるであらう[4]」と、新人賞選考後に若さに対する期待を述べ、短歌という文芸ジャンルそのものに若さが取り入れられることを求めている。「十代作品特集」という寺山特選の発表名にも表れているように、これからの短歌を担う出発点として、明確に「十代」が位置付けられていた。十代歌人による創作活動が増大することによって、現代短歌全体もそれに連動することが戦略として仕向けられた。このとき、中井英夫が中城ふみ子に代表される女流の短歌から、寺山をはじめとする十代歌人に期待のウエイトを移動させていることに注目したい。中城は受賞から四か月後、同年の八月三日に転移した癌によって亡くなっていた。寺山修司という受賞者を得たことに、編集者としての中井の期待の大きさがうかがわれる。早稲田大学在学中でもあった寺山は、まさに戦後の新しい世代の表現者として見出されたのである。

一粒の向日葵の種まきしのみに荒野をわれの処女地と呼びき
煙草くさき国語教師が言ふときに明日といふ語は最もかなし
勝ちて獲し少年の日の胡桃のごとく傷つきゐるやわが青春は
チェホフ祭のビラの貼られし林檎の木かすかに揺るる汽車通るたび
アカハタ売るわれを夏蝶越えゆけり母は故郷の田を打ちてゐむ

寺山は自身を、東北出身で戦争によって父を失った孤独な十代の青年として積極的に装飾し、短歌を発表していく。後に寺山は岡井隆（一九二八年―）や塚本邦雄（一九二〇―二〇〇五年）とともに前衛短歌運動を推し進めていくことになるが、斎藤茂吉、釈迢空という二大歌人の死後における寺山の短歌活動は、短歌史上においても新しい世代による短歌運動を意味していた。

寺山はこの時期に「長い間作られてきた短歌の大半はリアリティのないリアリズム、それも体験第一主義の傲岸さしかない。現代の短歌を占めている結社誌をめぐるとメモリアリズムのほこりがいっぱいなんだ」[5]と述べ、既成の歌壇において主流だった写実的な作風を批判的に乗り越えることに自らの創作態度を位置付けている。寺山は自身を戦後派と規定し、戦争体験を優位性として語る戦前・戦中派世代の「体験第一主義」に対して、自らの姿勢と前衛短歌における方法意識を関連させ、作品を作り上げていく。

「チェホフ祭」には戦争の傷を味わいながらも、若者の持つ生き生きとした哀歓が詠われていた。自らの生きている周辺や風俗を踏まえながら巧みに歌に詠み、若者特有の自由さと熱心さによって行動しようとする心の動きが表現されていた。戦後復興と相まって表される、その闊達な明るいムードこそ、新人としての寺山短歌の特徴であったと言えよう。寺山の出現を迎えた歌壇はそのような青春詠に対してかなり好意的であった。「題材の特異性」、「身振りを誇張したかたち」、「素材過重」、「ヒステリック」、「ジェスチュアー過剰」といった中城ふみ子登場時の評価とは対照的であった。

文芸評論家の荒正人（一九一三―七九年）は、「私は短歌がなによりも現代詩として蘇ることを期待したい」、「この歌人の新しい詩精神にも期待したい。小説には〝第三の新人〟とよばれる一群がゐる。また、新しい批評精神の動きもある。それは、昭和十年代の子供たちとしての「十代」にふかく結びついてゐるやうに思はれる。このひとはさういふものをどう表現してゆくのか、それを期待したい[6]」と述べている。戦争を少年として通過した世代が、新時代における危機感をいかに捉え、短歌に表現していくのかという期待が寄せられていたのである。

しかし時を同じくして、寺山の受賞作品に現代俳句からの模倣があること、また自作の俳句から短歌への改作が目立つことなどが問題として指摘されると、その評価は瞬く間に一変する。『時事新報』において、「集中のこれらの歌、どこかで見たような記憶があるので、ちよいと俳句雑誌をひらいて見たら草田男の「万緑」と斌雄の「麦」に」同じ内容の俳句作品が「寺山修司の名で出ていた」。また寺山の受賞作の一作「向日葵の下に饒舌高きかな人を訪わずば自己なき男」と中村草田男の「人を訪わずば自己なき男月見草」とを比較し、「そつくりではないか、読んでつくづく十代が怖くなつたね[7]」と批評されたのを皮切りに、中村草田男（一九〇一―八三年）や西東三鬼（一九〇〇―六二年）ら現代俳人の作品からの盗作を指摘されるなど、「模倣小僧」、「剽窃少年」と揶揄されるまでに至る。

紙の桜黒人悲歌は地に沈む　　西東三鬼
かわきたる桶に肥料を満すとき黒人悲歌は大地に沈む　　寺山修司

わが天使なるやも知れず寒雀　西東三鬼
わが天使なるやも知れぬ小雀を撃ちて硝煙嗅ぎつつ帰る　寺山修司

人を訪わずば自己なき男月見草　中村草田男
向日葵の下に饒舌高きかな人を訪わずば自己なき男　寺山修司

実際に作品を並べてみると、使用している語彙がかなり共通していることは明白である。

俳句は公式や符牒ではない。ましてや感覚的な言葉のクロスワードパズルではない。一つの様式が長い時間生き続けて来るとそれは公式的な便利さを生じ、機械的な怠惰を生むことも確かなことだ。その便利な惰性にやすやすと便乗して言葉のクロスワードパズルに耽ることこそ〝禁じられた遊び〟なのだ。君はその遊びを君自身の手で禁じるべきである。(8)

この楠本憲吉（一九二一—八八年）の批評に代表されるように、俳壇側が問題視していたことは、模倣や剽窃自体よりも、俳句から短歌へと自由自在にアレンジし直す行為なのである。それがいかにたやすく散文化につながり、俳句の純粋性や独自性が失われることになるか、という危惧であったと言えよう。

そんな中、『短歌研究』は十代の歌人特集を企画し、若い歌人たちに創作意識と時代感覚を主張させていく。そこで寺山は「模倣」、「剽窃」と言われた自身の表現スタイルについて、「頭に浮びあがるイメージ、文学的な濃霧——醗酵ともいうべき手合のものが大事なんで、それをどういう形で表現した場合成功するかということの方が一義的になってきた。やはりこれは短歌の材料だ、こっちは俳句の材料だといえるかどうか判らない。それを表現した場合短歌で成功した場合がある、俳句で成功した場合がある。どっちも成功しないから詩にした時成功するということもある。頭に浮ぶ思想と美のモンタージュ自体に素材としての新鮮さがあると思うんです」と述べ、ジャンルとしての「型」にはこだわらないことを主張している。当時の俳壇、歌壇といった既成コミュニティの閉鎖性や、それに対してのアンチテーゼの意味もあっただろう。しかしジャンルに縛られない、作品そのものが持つ「素材としての新鮮さ」、「頭に浮ぶ思想と美のモンタージュ」こそが創作の際求められるものであるとしたことが、ここでは重要である。後に「ポエジイ」として述べられていく作品イメージを構成するその意識をこそ、寺山は登場時から強調していたのである。さらに続けて寺山は「一つのジャンルに固まった人たちにしか判らない形になってしまえば、そこでいくら玄人たちが通がったって始まらないので、そうじゃない、もっと文学的生活を愛する人たちのために作られるべきだし、ぼくたちはそれをやっていこう」と新時代の到来と新世代人の自覚を述べていく。この、ジャンルからの飛翔ともいうべきアジテーションは、単なる若さ故の勇ましさとして片づけられる問題提起ではなく、寺山の芸術的前衛としての意識と理解するべきであろう。このとき強調されているジャンル横断のための「ポエジイ」は、寺山が生涯実践し続ける基底となった意識である。その意識を寺山は、「あまりにノンフィギュラティブにならずに、しかも俳句性、俳句的即物具象性をレトリックとして、茂吉から誓子、草田男へ受けつがれたものをふたたび短歌にかえすのは、むろんただ構成だけではできっこないことだが、つねに美学を伴おうとする上では忘れることのできない大きな事柄である[9]」と発言し、短歌創作において現代俳句から学ぶべきことの多いことに言及している。意味よりも「もの」自体を重視する「俳句的即物具象性」の見直しを図り、模倣や剽窃などではなく、そこに新たな美学の必要性を強調している。これは「体験第一主義」によって主張されるリアリズムではなく、ポエジイによる構成意識を通過したのちの「即物具象性」を美学として描き出していこうとする意識であった。そして中井英夫も「それまで短歌なぞ読んだこともないという学生が「短歌研究」を買ったといって励ましをくれたり、遠くブラジルやハワイのまったく知らない在留邦人から「歌壇を新しくしてくれてありがとう」という奇妙な礼状とともに、いきなりコーヒーやチョコレートが送られてきたりという状況の中で、いかに俳句の焼き直しであろうと、寺山の持っている青春の香りだけは信じていた[10]――」と、若い世代の作歌意識を、そして寺山を援護し続けた。

3　人間の劇的性格

文学史的に述べるならば、現代短歌の創作上の理論は、詩人たちとの論争によって作られたと言えるかもしれない。「前衛短歌」が歌壇を風靡していく前哨戦として、詩人たちとの三つの論争が行われた。

塚本邦雄と大岡信（一九三一年―）による「方法論争」、岡井隆と吉本隆明（一九二四―二〇一二年）による「定型論争」。そして寺山修司と嶋岡晨《しん》（一九三二年―）による「様式論争」である。

これらの論争が行われた背景には、短詩形詩としての短歌にも、モダニズム以降の前衛意識が顕著であった現代詩との接点が見出されたことがあるが、現代詩人を論敵とすることで、現代における詩としての短歌の方法が求められることになっていくのである。いずれも、中井英夫の後に『短歌研究』編集者となった杉山正樹（一九三三―二〇〇九年）の手によって企画されたものであるが、これらの論争の展開によって、「前衛短歌」の意図や性格が明らかになっていった。それとともに論争当事者をはじめとして、戦後育ちの若手詩人や歌人たちが、積極的に発言を行う時期になっていったことも特徴である。

その一つとして、詩人の嶋岡晨と寺山との論争があったのである。近代短歌史において「様式論争」と呼ばれるこの短歌論争は、嶋岡が「空間への執着」で寺山の作品を批評したことから始まる。この論争では、寺山の短歌創作手法のみならず、芸術思想が述べられていると思われるため本稿で取り上げてみたい。

「様式論争」は『短歌研究』誌上において、互いに二度ずつ発表し合ったものである。正確には、嶋岡晨「空間への執着」、『短歌研究』一九五八年七月、寺山修司「様式の遊戯性――主として嶋岡晨に」、『短歌研究』一九五八年八月、嶋岡晨「『楽しい玩具』への疑問――寺山修司へのコレスポンダンス」、『短歌研究』一九五八年九月、寺山修司「鳥は生まれようとして――嶋岡晨を含む数千人に」、『短歌研究』一九五八年十月にそれぞれ掲載された。

嶋岡は「空間への執着」において、寺山の「翼ある種子」にまとめられた短歌についての批評を行った。寺山の短歌作品に見られる、あまりに多角的な表現がどれだけ作者独自の自我を捉えているのか批判的に疑問を呈した。寺山の作品には作り出された物語的な「私」が現れていて、「ムード的な自我」であり、徹底的に「私」を追求していないために「自我」が捉えきれていない、と否定的に評している。寺山は短歌の「型」に救われ得るポエジイの所有者に過ぎず、「センスのいいしゃれたヒョーセツ」に過ぎない、「さまざまの物語とモルモット的「私」が投影される」作品でしかなく、「感覚的な表現の新鮮さはあっても強靭な批評精神はもとめられない」と、かなり辛辣に批評した。さらに嶋岡は「なにしろ五七五七七の短さでは、翻訳小説の一節を気軽に持ちこんでも、さほど目立たないだろう」と、剽窃問題にも繋がり得る寺山の作歌自体に懐疑的な視点で、定型の可能性をもシニカルに否定したのであった。

そのような嶋岡の批評に対して、寺山は様式としての定型に対する理解を要請するとともに、「私」の表現について、主に様式としての短歌の遊戯性を強調していく。寺山は「人間の劇的性格こそ作歌の動機」であると主張する。その意識があるからこそ、「僕自身が短歌をつくることに誇りこそもっても、現代詩に負い目を感じることなどなかった」とした。嶋岡が「ムード的な自我」や「モルモット的「私」が投影」されている、と批評したことに対しては、短歌が劇的な性格を持つ以上避けられないのだ、と返答した。「劇のなかでの典型は、一つの「型」になりうる性格であり、そのかぎりにおいては難解さは資格喪失することを僕は知っている」と、わかりやすい「私」の描出を試み、作品における私の位置を変革しようとする意識に力点を置くことを説明したのであった。

寺山は「様式の遊戯性」によって、「私」が普遍性を求めて自在に変形していくことを積極的に、肯定的に考えていた。それは嶋岡の指摘した「短歌の形式に救われ得るポエジイ」なのではなく、「短歌の形式を生かしたポエジイ」によって作歌した、ということになる。あくまでもその基本に、様々に自己劇化を求める「人間の劇的性格」を置いたのである。短歌という様式に対して、外から「押しこめようとする感動制御の意志」と、内から「それに抗う感覚」との間に、熱っぽく新たな「感動」が生まれ、そうした「様式」の間に生ずる緊張関係が定型を蘇らせると主張したのである。

寺山の第一歌集『空には本』（的場書房、一九五八年六月）のあとがきである「僕のノオト」には「――新しいものがありすぎる以上、捨てられた瓦石がありすぎる以上、僕もまた「今少しばかりのこっているものを」粗末にすることができなかった。のびすぎた僕の身長がシャツのなかへかくれたがるように、若さが僕に様式という枷を必要とした。／定型詩はこうして僕のなかのドアをノックしたのである」と書かれている。ここでも述べられているように、寺山はあくまでも存在する「型」のなかで表される自己劇化と、それを表現する際のポエジイこそが重要であるとしたのであった。

後に論争の本人である嶋岡は、「寺山との論争は、短歌という〈定型詩〉の玩具性を拒否するわたしの偏狭な前衛意識のひけらかしと、伝統的様式美の今日的よみがえりを必要とする寺山の創作意欲とのすれちがいに終わった」(11)と短く回顧している。

「私」性についての独自の考え方が提起され、短歌における私小説的な詠嘆性を払拭して、フィクショナルな「私」の設定を試みていくこと。この「様式論争」で指摘され続けた点こそ、後にも通底して試みられ続ける寺山の方法論の萌芽として捉えることが出来るのである。

4　起らなかったことも歴史のうちである

寺山修司は現実の事実の中に、巧みに虚構を交えて物語を創作していく。例えば自身の生い立ちについては、著書『誰か故郷を想はざる』（芳賀書店、一九六八年十月）の冒頭で「私は一九三五年一二月十日に青森県の北海岸の小駅で生まれた。しかし戸籍上では翌三六年の一月十日に生まれたことになっている。この二十日間のアリバイについて聞き糺すと、私の母は「おまえは走っている汽車のなかで生まれたから、出生地があいまいなのだ」と冗談めかして言うのだった」と語られる。しかしこれはフィクションであり、寺山にはそのような生い立ちの事実はない。放浪の物語を作るため、あえて自分の過去の事実に虚構を取り入れている。作歌する上で明確になった、このような「フィクショナルな「私」」の設定は、自己劇化としての自身の生い立ちを明らかにするだけにとどまらず、母殺しへと向かう。

寺山の第三歌集『田園に死す』（白玉書房、一九六五年八月）に「寺山セツの伝記」という章がある。ここに収録された短歌は「亡き母の真赤な櫛で梳きやれば山鳩の羽毛抜けやまぬなり」、「亡き母の位牌の裏のわが指紋さみしくほぐれゆく夜ならむ」というもので、いまだ生きている母はすでに亡き存在とされている。

一九六二年一月から連載された「長編叙事詩　李庚順」の主人公の母・ヨシは捨て子であり、生みの父親は繁太郎となっている。寺山が『誰か故郷を想はざる』に書くことになる母の出生にまつわるエピソードが、ここにははっきりと盛り込まれている。母一人子一人の家庭で、一人息子である主人公李庚順は、母を殺して東京へと脱出を図る。多くの寺山関連本や研究書がこの「李庚順」の発表を一九六一年（昭和三十六年）としているが、間違いで一九六二年一月から七月まで、『現代詩』での連載である。

岸田秀（一九三三年—）との対談[12]において寺山は、母は「新聞紙と風呂敷に包まれて親父の弟のやっている映画館の塀の中の畑に捨てて夜逃げ」された私生児で、「田舎での世間体ということがあって、女中よりももっと低く扱われた。学校にも満足にいかせてもらえなかった」生活をしてきたと述べている。前出の「長編叙事詩　李庚順」の主人公の母・ヨシさながらの話がここでは語られている。

他にも、ラジオドラマ『山姥』（一九六四年）では、能・狂言の様式を援用しつつ、日本の前近代の姥捨て伝説が描かれる。そこで描かれている、新たに妻を得るためには母親を捨てなければならない、という寺山の思想は、広く「母親からの精神的離乳」としての姥捨て思想につながるものである。

さらに同期時の、後に『家出のすすめ』と改題して刊行されるエッセイ集『現代の青春論』（三一書房、一九六三年四月）では、「つよい青年になるためにはこの精神の離乳なしでは、他のどのような連帯も得られることはないでしょう。どうしても母親の愛をのがれられない人はキリシタンの踏絵のようなつもりで一度、自分の母親に「姥捨山につれていくぞ」といってごらんなさい。母親よりも、あなた自身がそれをいったときから変わることができるはずです。そして、それは精神の離乳の契機になるにちがいない。〔中略〕さあ、まだの人はすぐに、あなたの家のなかへ、こころの姥捨山をつくってください」と述べられている。

　これほどまでに母の出自を悲劇的に装飾し、母殺しに繋がる思想を述べ続けるのは、寺山が自らの出自を完全に母系として捉えているからである。実生活において、寺山が当時母と住むアパートを逃げるように出て、九條映子（後に今日子）と結婚したとき、母は猛反対した。結婚式にも出席せず、ふたりが新婚生活を送るアパートを見つけ出し、何度も窓に石を投げ、挙句には寺山が昔使用していた浴衣に灯油をかけて火をつけて投げ込んでいったこともあった。私生児として生まれたエキセントリックな母と、その一人息子である自分との葛藤。母と身近に接して、母との断ち難い血の絆を意識したとき、母と母の背後に見えた因習の田園とでも言うべき風景が立ち現れ、近代以前の故郷とつながったのである。殺そうとしても殺せない母。断ち切れない母との血の愛憎。寺山は母と自分との特殊な関係の中から、普遍的な人間の宿命を探り出そうとし続けたと言える。

> どこからでもやりなおしは出来るだろう。母だけではなく、私さえも、私自身がつくりだした一片の物語の主人公にすぎないのだから。そしてこれは、たかが映画なのだから。だが、たかが映画の中でさえ、たった一人の母も殺せない私自身とは、いったい誰なのだ——昭和四十九年十二月十日。本籍地、東京都新宿区新宿字恐山!!

映画『田園に死す』（一九七四年）のラストシーンの台詞である。寺山は「『田園に死す』手稿」において、「未来の修正というのは出来ぬが、過去の修正ならば出来る。そして、実際に起らなかったことも、歴史のうちであると思えば、過去の作り変えによってこそ、人は現在の呪縛から解放されるのである」と映画でのシーンを説明している。この歴史意識が、寺山が以後の作品において自らの出自を確認していく上で、故郷に残っていた因習とつながり、前近代的な世界を作り出していく。それは共同体の論理を背景としているようで、同時に家制度からの脱出の力学を抱え込んでいる。それは戯曲作品「青ひげ」にも引き継がれ、母殺しの思想と家制度との葛藤のもと、手法的にはあえて世界の定型を壊すように、日本的なものと西洋的なもの、前近代的なものと近代的なものを混沌の内に押しこんでいく。

前近代的な表現は寺山唯一のものではない。舞踏家の土方巽（一九二八―八六年）は同じ時期に、暗黒舞踏として因習に繋がる土俗的なものを、西欧にはない動きを採り入れながら、白塗りの身体を最大限に使用し、グロテスクとも言える世界を、暗闇を有効に用いることで表現した。岡本太郎（一九一一―九六年）は日本人の伝統を考えた際、「現代に直結する、いわゆる日本的感覚がすなおに汲みとれる」弥生式土器や埴輪ではなく、異質な縄文式に美を発見する。「われわれが縄文土器のあの原始的なたくましさ、純粋さにふれ、今日瞬間瞬間に失いつつある人間の根源的な情熱を呼びさまし、とりかえすならば、新しい日本の伝統がより豪快不敵な表情をもって受けつがれる[13]」と述べた。岡本の場合、日本人の根源を探る視点から歴史的にさかのぼり、前近代でも弥生ではなく縄文に行き着いた。

寺山の場合は、自身を探る視点から歴史という語を捉える思考法である。自らを母系家族の末裔と規定する寺山にとって、自身の歴史をさかのぼることは、私生児であった母に行きつくことになる。『田園に死す』（歌集、映画ともに）において、生まれ故郷の青森県を想起させながらも、実際の青森県とは異なるフィクショナルな土地を設定し、限定性のない虚構の風景を造ることが、自身の歴史を、そして母の歴史を作り変えるという、個的なテーマから普遍性を見出す寺山の方法であった。そこで描かれる人物も、短歌においては実際の恋人の名を詠み込みながらも、その女性の名前はただの記号であり、実際に入れ替えて詠んだ短歌も存在するくらいであり、女性の具体像は結ばない。場所も登場人物も寺山流にデフォルメされている。前近代的な農村を、「田園」という西欧的なイメージを喚起する語で表現していくこと。近代的な語を用いながら前近代をはめ込んでいくことになるのである。

「型」のなかでコラージュとして「私」を劇的に作り変えること。母系家族の「私」の作り変えのため、因習としての母殺しを前近代的普遍性をもって蘇らせること。そのような脱構築的手法を「ポエジイ」として寺山は用いたのであった。

5　反近代的思考

寺山は戦争によって父を失い、敗戦後は母と別居を強いられるという過酷な幼少時代を過ごした。またその場所が青森県三沢市という、戦勝国である米軍の基地が立地した土地であったことも少年時代を形づくる大きな要素であった。寺山が少年時代に歌った牧歌的な故郷。そして後に寺山自身が語っていく、土着的な恐山や姥捨伝説に象徴されるような、前近代的な空間としての青森。寺山が幼少年期を過ごした場は、実際にはそのどちらとも異なる、敗戦後の国民国家の近代化の果てに生まれた、周縁地帯となった場であった。敗戦直後の米軍による占領という、きわめて近代的な社会空間の中で生み出された虚構空間なのである。

寺山が表現者として最初に活動したジャンルである短歌、またその後のラジオドラマや演劇活動で描かれ、作品内で表象され続けたのは、その虚構空間であった。虚構空間として表象することは、寺山以前の世代の戦争体験者、体験第一主義者との差異化を図っていくための戦略であり、世間を侵食するマスメディアを手段として成り立っていく、「文化人」への過程でもあった。表現者としてのスタートから「型」にはまりながらも、その中で自己劇化を繰り返していくのである。その観点から述べるならば、寺山は常に

三沢市寺山修司記念館（筆者撮影）

寺山修司歌碑（三沢市小田内沼展望所）（筆者撮影）

一貫して自らを他者化してきたと言える。『書を捨てよ、町へ出よう』というエッセイは有名であるが、書を「捨てる」ためには一度は書を持たなければならない。模倣や剽窃と非難されるような「型破り」であるためには、「型」にはまったことがなければならなかったのである。

寺山は、演劇活動において、自身で「天井桟敷」（一九六七―八三年）を組織する以外は組織に長期間属することはなかった。歌人としても特定の結社には属さなかった。またアカデミズムに属することもなかった。つまり、寺山はあらゆる場所で、自身の歴史をも含め「よそ者＝他者」であったが故に、自らの表現を続けることが出来たと言えよう。そうした文化領域の絶え間ない生成の中において、寺山は既存のジャンルから常に逸脱することでその芸術的普遍性を獲得していったのである。

寺山の作品には、先に海外で認められその後日本で、といったものが幾つかある。寺山は米軍基地のある街で表現活動をスタートさせ、近代的な社会空間の中で生み出された虚構空間を描くことを選択した。その際寺山は前近代的な世界を、近代的な場所から、反近代的に描き出した。それは単なる極東の片田舎たる、中央から見た周縁地帯の存在ではなく、西欧にも理解が及ぶ普遍性を含有することになった。絶えざる既存からの逸脱。それこそが寺山修司の持つ国際性なのである。

■注

（1） 丸山眞男『後衛の位置から――『現代政治の思想と行動』追補』未來社、一九八二年九月、南後由和・加島卓編『文化人とは何か？』東京書籍、二〇一〇年九月を参照。

（2） 関連情報に記載。

（3） 小川太郎『寺山修司その知られざる青春』三一書房、

一九九七年一月、四二頁。
(4)「あとがき」、『短歌研究』一九三四年十一月。
(5) 座談会「日本の詩と若い世代」、『短歌研究』一九五九年一月。
(6) 荒正人「若い肩への期待」、『短歌研究』一九五五年一月。
(7)「風見鶏」俳壇コーナー、『時事新報』一九五四年一一月一一日付。
(8) 楠本憲吉「或る「十代」──短歌俳句に於ける純粋性の問題」、『俳句研究』一九五五年二月。
(9) 寺山修司「ロミイの代弁──短詩型へのエチュード」、『俳句研究』一九五五年二月。
(10) 中井英夫『黒衣の短歌史』潮出版、一九七一年六月初出。参照は『中井英夫全集』第一〇巻「黒衣の短歌史」創元ライブラリ、二〇〇二年二月、三八九─三九〇頁。
(11) 嶋岡晨「短歌論争のころ──寺山のこと」、『現代詩手帖 臨時増刊』一九八三年十一月。
(12)「性・家族・演劇」、『現代思想 サルトル特集号』一九八〇年六月。
(13) 岡本太郎『日本の伝統』講談社現代新書、一九七三年二月、四一頁。

■推薦図書

角川文庫・寺山修司の本
『寺山修司青春歌集』、『家出のすすめ』、『幸福論』など、寺山修司の生前から刊行されているシリーズである。二十三冊刊行されている。寺山本として、文庫本では最も入手しやすいのではないか。

河出文庫「寺山修司コレクション」
『幻想図書館』、『新・書を捨てよ、町へ出よう』、『月蝕機関説』など、寺山コレクションとして十二冊刊行されている。

ハルキ文庫・寺山修司の本
二〇〇〇年にシリーズとして刊行された。『田園に死す』、『われに五月を』、『花粉航海』などがある。『寺山修司詩集』も含めると十二冊刊行されている。

『寺山修司の戯曲』全九冊、思潮社、一九八三─八七年
戯曲全集のようなもの。「コメット・イケヤ」、「大人狩り」などラジオドラマのシナリオも所収されている。

『寺山修司 ラジオ・ドラマCD』全八巻、キングレコード、二〇〇五年

ほとんどの寺山のラジオドラマ作品が収録されている。「中村一郎・大人狩り」、「いつも裏口で歌った・もう呼ぶな、海よ」など初期作品も収録されている。

■関連情報

寺山修司記念館
青森県三沢市。寺山の遺品の保存と公開を行う。建物は粟津潔のデザイン。外には歌碑、ビクターの犬や人力飛行機もある（https://www.terayamaworld.com/museum.html）。

国際寺山修司学会
清水義和（演劇研究者、愛知学院大学教授）が中心となって、二〇〇六年五月六日（五月六日は寺山の命日）に設立。機関誌『寺山修司研究』を刊行（http://www.agu.ac.jp/~yosikazu/terayama/）。

＊寺山修司の写真は笹目浩之氏にお世話になった。御礼申し上げます。

第9章
ベネディクト・アンダーソン
(1936-2015)
地域研究から世界へ

中島成久

『想像の共同体』で世界に衝撃を与えたベネディクト・アンダーソン。インドネシアのナショナリズム研究を、世界史的な広がりの中に位置づけ、地域研究の枠を超え、既存の学問の壁を超えて影響を与え続けているアンダーソンの学問は常に「周辺」に身を置くことで形成された。

アイルランド系の父とイギリス人の母のもと、中国昆明で生まれ、戦争の激化とともにアメリカに移住し、大戦終了後アイルランドに戻り、イギリスで高等教育を受け、さらにコーネル大学でインドネシア研究を始めたアンダーソンは、インドネシア研究者として地位を確立した後、スハルト政権によって、インドネシアを追放されてしまった。

アンダーソンはこの危機を梃子として、『想像の共同体』というブレイク・スルーを成し遂げた。新しい認識の地平は、精神的な強靭性と彼を取り巻く知的な環境から得られた。他者という存在が身近にいて、常にアイデンティティの不在に悩まされながらも、前人未到の境地に達したアンダーソン。その学問と人生を学ぶことは、国際社会人とは何か、どのようにすれば国境の壁は超えられるのかをわれわれに示してくれる。

1　ナショナリズム研究への道、出生からコーネル時代

ベネディクト・オゴーマン・アンダーソン（Benedict O'Gorman Anderson）は一九三六年八月六日中国の昆明で生まれた。アイルランドの反帝国主義的・帝国主義的活動という相矛盾した血筋を祖先に持つ父親はケンブリッジを中退し、中国でイギリス帝国の海関税務司署の仕事を見つけて出奔した。父親は中国語に堪能なシノロジスト（中国研究者）であった。後妻の母も教養ある聡明な女性で、立派なホームライブラリー（蔵書）のある知的好奇心あふれる環境の下で、ベネディクトを育てた。家庭では英語、アイルランド語、フランス語、中国語、それに乳母のベトナム語が飛び交うなかで育てられた。彼の言語への関心は、こうした環境で育まれた。二歳下のペリー（アイルランド語名ロリー）・アンダーソンとは「しょっちゅう喧嘩をしていた」と回想しているが、兄弟切磋琢磨して育ち、後年兄が世界に飛躍する際に大きな支えとなった。

一家は中国で拡大する戦火を避けるために、一九四一年アメリカ経由で帰国を決意した。ところがヨーロッパ戦線が悪化し、一家はカリフォルニアで一九四五年まで足止めされた。学齢期に達していたこと、父親の健康が悪化したので、弟と二人して現在のシリコンバレーにある寄宿学校に入れられたが、アイルランド訛りの英語を話すことなどで級友からいじめられた。この地で父親は死去するが、母親は彼女の家族のいるイギリスではなく、父親の故郷であるアイルランドに住むことにした。

長男のベネディクトは父親の家系を示すオゴーマン(ゴーマンの子孫)というミドルネームを持つが、父亡き後、アイルランドとのつながりが消えなかったことを「幸運だった」と回想している。イギリスに戻っていたならば、イギリス人になっていただろうとの理由からだ。後年彼はアイルランド国籍を取得している。イギリス帝国主義の支配に抵抗するアイルランド人としてのアイデンティティが、後のナショナリズム研究の基礎になった。

しかしながら、アイルランドでは立派な教育を受けることはできないとの理由で、奨学金を得て、ロンドンのイートン校に学ぶことになった。イートン校では古きイギリスの英才教育を受けた。ラテン語、ギリシャ語、フランス語、ドイツ語、ロシア語を学び、さらに人文科学、社会科学、数学および自然科学などの一般教育を受けた。アンダーソンの著作を読むとその博覧強記ぶりに驚いてしまうが、その背景にはこうした若い時代の教育の成果がある。奨学金を得てケンブリッジで学ぶことになってからも、(西欧)古典学を専門として、ギリシャ語、ラテン語を中心に言語、文学、歴史、美術などを中心に学んだ。また映画を集中的に見て、黒澤明、溝口健二、小津安二郎の作品にも強烈な印象を受けている。

こうした学問三昧なケンブリッジ時代に、アンダーソンの人生を決定づける事件が起きた。エジプトがスエズ運河を国有化した「スエズ危機」(一九五六—五七年)の時であった。ある日の午後、大学のキャンパスの一角で褐色の肌をしたインド人とセイロン人の学生たちが、イギリスはフランスとイスラエルと協調行動をとるというエデンズ外相の決定に抗議する演説をしていた。その様子を興味深く見ていると、運動部系の屈強な一団が、イギリス国歌の「ゴッド・セイブ・ザ・クイーン」を歌いながら、彼らに襲い掛かった。屈強な体格のイギリス人にその植民地出身者たちはなすすべもなかった。正義感からベネディクトは彼らの間に入って止めようとしたら、かえって殴られ、メガネを割られた。生れて初めて、人種差別と帝国主義をじかに体験した。『想像の共同体』（一九八三年）でナショナリズムについて書く際、当時もまだ引きずっていたこの時の怒りの感情を、風刺と皮肉や当てつけを込めて吐き出したという。

大学卒業までの二十一年間の「幸運」をベネディクトは次のように回想している。

一つには、コスモポリタンで比較を旨とする人生観を身に付けたこと。雲南・昆明、カリフォルニア、コロラド、独立アイルランド、それにイギリスで学び、アイルランド人の父とイギリス人の母、ベトナム人の乳母に育てられ、家庭では多様な言語が飛び交い、両親の書斎には、中国人、日本人、フランス人、ロシア人、イタリア人、アメリカ人、ドイツ人によって書かれた書物が並んでいた。

つぎに、「周辺」に位置するという経験を数多く持ったことである。カリフォルニアではイギリスアクセントを笑われ、アイルランドではアメリカ・イディオムを、そしてイギリスではアイルランド表現を笑われた。実際アンダーソンの文章を読むと、「奇妙な」表現にしばしば出会う。博士論文執筆のためにインドネシアで調査中であったコーネル大学のある院生は、「彼にはいいエディターが必要だ」と言っていたが、ネイティブでもアンダーソンの「英語」には苦労している。

ケンブリッジで「古典学」という実学とは程遠い学問を学んだベネディクトは卒業後の進路で大いに悩んだ。母は外交官になって欲しいとの希望を持っていたが、官僚への道にはまったく関心がなかった。

そんな時、コーネル大学で政治学のティーチング・アシスタントをやっていた古い友人から、自分の後任をやってもらえないかという手紙を受け取った。この申し出にベネディクトは当惑した。政治学を学んだこともなく、また政治に大した興味も持っていなかったからである。オックスフォードにいてマルキシズムに関心を持ち、アメリカにも詳しい弟は「絶対に受けるべきだ」という。政治学の方は集中的に読書をして準備をすれば、学生の少し前には立てるとの助言を友人は与えていた。

かくしてベネディクトは一九五八年の一月、船で大西洋を渡り、雪深いニューヨーク州イサカの町にたどり着いた。二十一歳になったばかりであった。この時以来コーネルでのキャリア形成は終生アンダーソンの人生と学問の中心になった。

2　地域研究の頂点へ、『革命時代のジャワ』からインドネシア「追放」

一九五〇年代のアメリカでは冷戦後の世界秩序の研究としての地域研究が盛んになった。それまでは、欧米列強が個別の国を植民地支配していて、例えば、イギリス領マラヤ、フランス領インドシナ、オランダ領東インドなどが相互に関連なく存在していた。第二次大戦後、戦勝国となったアメリカは、共産圏に対抗するために、東南アジアという地域概念を確立し、植民地学とは異なる手法で研究を始めた。フォード財団とロックフェラー財団の支援の下、イェール大学とコーネル大学に地域研究を行う東南アジア研究プログラムが創られた。

コーネルの東南アジア研究プログラムには、アンダーソンに決定的な影響を与えた三人の研究者がいた。

一人はジョージ・ケイヒン（一九一八―二〇〇〇年）である。軍隊時代からインドネシアに関心を持ち、博士論文執筆のために一九四〇年代後半のインドネシアでフィールドワークを行い、一九五二年『インドネシアのナショナリズムと革命』というアメリカ人の手による最初で最良の東南アジア政治についての著作を著した。ケイヒンは組織運営にも優れた才能を発揮して、コーネルの東南アジア研究プログラムが隆盛を極める礎を築いた。ケイヒンは、アンダーソンの博士論文のテーマとして、自分の研究では手薄であった、日本占領期（軍政）（一九四二―四五年）の影響についてまとめるよう勧めてくれた。幼いころから、日本文学に親しみ、また日本映画にも魅せられていたアンダーソンは、ケイヒンの提案をすぐさま受け入れ、日本の敗戦前後のジャワでの政治意識の変化について研究を行うことになった。

つぎに、言語学のジョン・エコルズ（一九一三―八二年）がいる。十数か国語を自在に操るエコルズは、最初の英語―インドネシア語辞書を完成させるが、東南アジア関連文献の収集に努め、今では「ジョン・エコルズ・コレクション」と呼ばれる素晴らしいコレクションを創り上げた。コーネルの東南アジア研究者がコーネルを動きたがらないのは、このコレクションの素晴らしさが理由である。

もう一人がクレア・ホルト（一九〇一―七〇年）である。ラトビアの裕福なユダヤ人家庭に生まれた彼女は、ダンスの教師、批評家として活躍していたが、夫を亡くした後インドネシアに行き、ジャワ文化と芸術に出会った。マッカーシー時代の後ケイヒンに誘われてコーネルにやってきた彼女は、学位こそ持っていなかったが、当時の東南アジアプログラムのなかで最も長い現地経験を持ち、ジャワの芸術や文化への深い造詣が、アンダーソンの本来の関心を呼び覚ました。

さらにアンダーソンをコスモポリタンに育て上げた環境が、東南アジア研究プログラムに集まった数多くの留学生との交流であった。コーネル大学のあるイサカの町は、人口三万人程度の小さな町である（イサカ都市圏の人口は十万人）。キャンパスは町の中心部から外れた丘の上に広がっている。そのためコーネルでの人間関係は密で、お互いの友情を育み、深い議論を交わす機会がふんだんにあった。コーネルのこうした東南アジア研究者の人間関係の稠密《ちゅうみつ》さは、俗に「コーネル・マフィア」と呼ばれるほどの結束力を示した。

そんななかアンダーソンは一九六一年、博士論文執筆のためのフィールドワークに出かけた。多くの人にインタビューを行ったが、元海軍少将前田精《ただし》氏とのインタビューは特別であった。前田少将こそが、敗色濃い旧日本軍にあって、スカルノを委員長とする独立準備委員会を設立させた中心人物であった。一九四五年八月十七日の独立宣言は前田邸で起草された。また、国立公文書館のなかから軍政時代に発行されていた『ジャワ・バル』（新ジャワ）を見出した。日本語とインドネシア語で書かれていたため、インドネシア語の部分はアンダーソンも読むことができたのである。こうした体験は、インドネシア国軍、あるいはスハルトの開発独裁体制の理解には、軍政時代の統治の在り方にまでさかのぼることが必要だとの見解につながる。

一九六四年にコーネルに戻り、博士論文の仕上げに忙しかった時に、戦後インドネシア政治の分水嶺をなす一九六五年九月三十日事件が起きた。スカルノの健康が悪化するなか、スカルノの後継をめぐる問題が議論され始めていた。インドネシアでは一九六二年の反オランダ闘争や六三年の反マレーシア闘争でナショナリズムが高揚し、一九六五年国連を脱退した。国内では土地改革をめぐり、イスラーム勢力と共産党が地方レベルで厳しく対決していた。

そんななか、十月一日未明ウントン中佐を中心とする軍若手グループが七人の軍高級幹部を襲撃し、六人を殺害し、遺体を古井戸に遺棄した。十月一日夕方にはスハルト少将を中心とした陸軍戦略予備隊が反乱軍を制圧した。スハルトらは、この事件は政権奪取をもくろむ共産党のクーデターであると断定し、軍幹部が残虐な方法で殺害されたとあおった。また農村部では無神論者の共産党員が破廉恥な行動を繰り返したと喧伝された。その結果、インドネシア各地で激しい共産党狩りが行われた。共産党員やそのシンパ、あるいは単に中国系の住民というだけで、百万人前後の住民が処刑され、数多くの人が職を奪われた。

このような状況下アンダーソンは一九六七年に博士論文を仕上げ、それは一九七二年『革命時代のジャワ』として結実する。一九四五年八月から四九年十二月まで戦われたインドネシア独立革命は「プムダ（青年）革命」と呼ばれるが、アンダーソンは軍政末期から四六年にかけて、どのようにして、その「プムダ」という意識が形成されたかという革命のエートス研究を行ったのである。博士論文を元にしたあまたの出版物のなかで、本書は増刷されるほどの反響を呼び、研究者としてのアンダーソンの地位は確立する。

しかしそれ以前の一九六六年、アンダーソンらは「コーネル・ペーパー」と後に呼ばれるものを秘密裏に出版した。これは、九月三十日事件の真相に迫る仮説であった。アンダーソンらはスハルトらの説を否定し、それは軍の主導権をめぐる軍内部の争いが表面化したものであると結論付けた。こうした「コーネル・ペーパー」の存在はやがてインドネシア当局の知るところとなり、スハルト政権側の激しい反発を買い、ついに一九七二年インドネシアから追放された。一九五八年以来インドネシアの研究に従事してきた地域研究者としてアンダーソンは大きな試練にさらされたのである。

こうした事態にアンダーソンは、まず、タイのナショナリズム研究に向かった。植民地支配の歴史から独立を勝ちとったインドネシアとは大きく性格の異なるナショナリズムの歴史をタイは持っていた。異論はあるにせよ植民地化の歴史がなく、また国王を中心とした立憲君主制の国であり、コーネル時代の友人らがタイ研究の中心として活躍し始めていたからである。タイとインドネシアのナショナリズムを、故国アイルランドとの比較を通して研究しようとするスタンスが生まれた。

さらに、文学に真剣に戻ろうという研究姿勢が芽生えた。インドネシア革命の語り部プラムディア・アナンタ・トゥール（一九二五―二〇〇六年）や十九世紀後期のフィリピンの革命家・作家・医者であるホセ・リサール（一八六一―九六年）の作品を検討し、そのなかからナショナリズムに関わる言説がどのように形成されたかを分析し始めた。

インドネシア追放という厳しい経験を逆に梃子として、アンダーソンは一地域研究者から世界史的な視野を持つ理論家へと成長を遂げ始めた。しかしながら、こうした評価はのちのものである。何度かジャカルタの空港でインドネシアへの入国を拒否され、そのたびに深い失望感を味わっている。インドネシア政府のこの強硬な態度は、他のインドネシア研究者の研究姿勢に大きく影響を与えた。多くの研究者はインドネシア政府を刺激しないよう、無難な研究テーマを選ぶことになった。そうした傾向のなか、自分の意志を貫き、さらなる高みに登って行ったアンダーソンの姿勢には胸を打たれる。

3　ブレイク・スルー、『想像の共同体』の衝撃

インドネシアを追放されたアンダーソンは、弟のペリー・アンダーソンらが主宰する『ニュー・レフト・レビュー（NLR）』誌との関わりを強めていった。インドネシアの地域研究から得られたナショナリズムの議論は、文学と政治の繋がりという新境地を開拓し、さらにNLR誌に参集する、伝統的な学問に批判的なグループとの議論を経て、一九八三年『想像の共同体』として花開いた。

アンダーソンのナショナリズム論の新しさは、ゲルナーの理論と比較すればよくわかる。同じく一九八三年に出版されたアーネスト・ゲルナー（一九二五—九五年）の『民族とナショナリズム』では、ナショナリズムとは「政治的な単位と民族的な単位とが一致しなければならないと主張する一つの政治的原理」と定義され、それは教育の普及などを通じた同質性へと収斂していく産業社会のなかで出現したことが強調されている。だが、原著で“Nations”とされている言葉が、訳語ではすべて「民族」とされ

ているが、それは近代的な「民族」であり、時には「国民」と訳した方がいい場合もあるだろう。ゲルナーに批判的な弟子のＡ・スミスは「エスニー」というナショナリズムの萌芽形態の存在を主張するが、論じられているのはほとんどヨーロッパの事例であり、その普遍性を主張することには無理がある。

ナショナリズムの近代的起源にアンダーソンも同意するが、アンダーソンのナショナリズムの起源はモデュール論で説明される。ナショナリズムは新大陸で起きたという。そこでは、植民地と本国との利害の対立が、主権を持った国民国家の形成につながった（アメリカや中南米諸国）。アンダーソンは、日本語で「国民国家」と訳される“Nation-State”という用語が小さなハイフンで結ばれていることに注意を喚起する。もともと“State”とはカトリック教会権力のことであり、やがて絶対王政の体制を指す言葉となった。国民国家とは“State”の主権を担う主体が、古フランス語で「同じ職業などの仲間、族」といった意味を持つ“Nation”にとって代わったのであるが、ネーションとステートという「筋も素性も異なる両者の奇妙な結婚」なのだ。

ベネディクト・アンダーソン『想像の共同体』改訂増補版、1991年。35か国語に翻訳されている。

いったんそうしたモデュールが確立すると、その波がヨーロッパに輸入され、玉突き状になって世界各地に拡がっていった。フランス革命後ネーション・ステートとは「一つの言語、一つの民族、一つの国家」であるというフィクションが完成した。その後高まるポピュラー・ナショナリズムに対抗して、ロシアや日本のオフィシャル・ナショナリズムが形成され、さらに、最後の波として植民地支配を受けていた地域が独立を遂げる時代がやってきた。

こうした様々な経緯を経てナショナリズムの起源と流行は説明されるとアンダーソンは主張するが、そこに通底するのは「国民は想像される」という命題である。想像されたものではあるが、いったん想像された後は、歴史的な実態を持つ。国民国家は帝国とは異なり、限定された領域を支配するが、その虚構性を糊塗するために、血の同一性と歴史の古さを強調する。

ゲルナーの産業社会に代わるアンダーソンの概念が「出版資本主義」という考え方である。ナショナリズムと資本主義との関連性を認めつつも、出版というメディアのインパクトをアンダーソンは高く評価する。印刷技術の発明が、ルターの宗教改革を可能にした。俗語（各国語）に翻訳された聖書が大量に出版されたことで、ヨーロッパにおける現在のような民族、国境の形成へとつながっていく。

アンダーソンの出版資本主義というアイデアは、インドネシア語の研究に由来する（「インドネシア政治の言語」、一九六六年）。インドネシア語はマラッカ海峡周辺で流通していた海峡マレー語を起源とする。それはどの民族の言語にも属さないリンガフランカ（共通語）であったが、それを母語とした唯一の民族が十九世紀、鉱山やプランテーションの労働者として移民してきた中国人であった。二十世紀初頭、都市に住み、中国語を忘れた世代は海峡マレー語を母語として育ち、海峡マレー語を使って新聞を発行し、小説などの文学活動を行った。

さらに、植民地官僚の「巡礼」がナショナリズムを醸成した。オランダ支配下のインドネシア各地で原住民官僚が養成された。彼らはオランダ語を学び、原住民官僚として安定した生活を送れたが、任地を「巡礼」し出世しても、オランダ人になれるわけではないことに気付くと、独立を夢見るナショナリストが登場するようになった。オランダ植民地国家というステートの上に、インドネシア「民族」（国民）という新しいネーションが形成された（『古い国家、新しい社会』、一九八三年）。

アンダーソンの出版資本主義に近い考え方を、柄谷行人（一九四一年—）の「エクリチュールとナショナリズム」に見ることができる。書き言葉（エクリチュール）の政治性を指摘する柄谷の議論は、インドネシア語がその後たどった運命を暗示している。アンダーソンによれば、革命時代のインドネシア語は自由と未来を照らす希望の言語であったが、独立達成後は身分制の色濃いジャワ語からの表現を多用し、さらにサンスクリットなどに由来する古色蒼然とした用語が次第に好まれ、古代にまでさかのぼると措定されたインドネシア国家の真正性を強調する道具となった。アンダーソンは抽象的な理論家ではなく、構造言語学の祖であるフェルディナン・ド・ソシュール（一八五七—一九一三年）も脱構築（デコンストラクション）を掲げるポスト構造主義の哲学者、ジャック・デリダ（一九三〇—二〇〇四年）も援用はしていないが、彼らの議論の本質はしっかりと把握している。

今日ナショナリズムを論じる際、「民族＝言語＝国家」の連続性を強調するドイツの哲学者、ヨハン・ゴットリープ・フィヒテ（一七六二—一八一四年）と並んで、フランスのセム語学者のアンリ・ルナン（一八二三―九二年）の「国民は言語、民族、宗教といったあらゆる単位を同一とするものではなく、日々の住民投票であり、それは記憶と忘却によって操作される」という説が取り上げられるが、ほとんど忘れられたルナンを「発掘」したのもアンダーソンの功績である。

4　アンダーソンの眼、国境の壁の相対化

『想像の共同体』で世界的に注目されたアンダーソンだが、その後も研究のスタイルが変わることはなかった。一九八六年フィリピンの「ピープルズ・レボリューション」によりマルコス政権が倒れると、フィリピン研究に転じた。インドネシア、タイのナショナリズム研究に加えて、フィリピン研究をも比較検討するという離れ業を始めたのである。一九八七年から一年半私は東南アジアプログラムの客員研究員としてコーネルに滞在したが、若い院生に交じってタガログ語（フィリピノ語）を学び始めた姿を知っている。その成果が『比較の亡霊』（一九九八年）、『三つの旗のもとに』（二〇〇五年）である。

「比較の亡霊」という書名は、一八九六年処刑されたホセ・リサールが小説『ノリ・エ・タンヘレ――わが祖国に捧げる』（初版一八八七年）のなかで、マニラの植物園に覆いかぶさるヨーロッパの植物園のイメージを「比較の悪魔」（スペイン語からの直訳）と呼んだことと重ねられて、名づけられた。しかし、アンダーソンは何も言及していないが、デリダの『マルクスの亡霊たち（*Specters of Marx*）』（一九九四年）からヒントを得ていることは間違いないだろう（『比較の亡霊（*The Spectre of Comparisons*）』との

対比が印象的だ)。

デリダは一九八〇年代の後半毎年コーネルに呼ばれて授業と講演をしていたから、デコンストラクション理論は受け入れていないものの、アンダーソンはデリダをある程度知っているはずである。アンダーソンの著作の核心部分でマルクスへの言及がしばしばなされているから、マルクスの読み直しという意味でデリダの問題意識を自身のナショナリズム研究に生かしたと思われる。一方フランスのポスト構造主義哲学者、ミシェル・フーコー(一九二六―八四年)への言及は多くはないものの、植民地主義を貫く「監視」の体系という視点はまさしくフーコーそのものである。

第一部ではナショナリズムの理論的な分析に重点がおかれ、とくにナショナリズムは産業化を前提に成立するというゲルナーを批判した点は注目される。第二部は各国研究の成果が示されている。第十一章「想像することの難しさ」では、リサールの小説を手がかりに、十九世紀末フィリピンの人種、クレオール、原住民などのカテゴリーがなぜ、現代では正確に理解されていないかを分析している。一九四六年のフィリピン独立後のオフィシャル・ナショナリズムの高揚とともにリサールの作品の英語訳が複数出版されたが、そのどれもがリサールのスペイン語を正確に翻訳していない、それはなぜかと追及しているのだ。アンダーソンのリサールへの関心は心酔といってよいほどで、『想像の共同体』以来リサールとの対話がそのナショナリズム論の中核になっている。

第三部では東南アジア政治の比較研究が示されている。特に第十五章「マジョリティとマイノリティ」では、植民地時代から実施されたセンサス(人口調査)がいかに恣意的になされたか、またそれによってマジョリティとマイノリティがいかに形成されてきたかが示されている。この部分は増補版『想像の共同体』第X章「人口調査、地図、博物館」に生かされている。東ティモールへのインドネシア軍の植民地的侵略とその後の暴力の凄惨さの背景に、ポルトガル領であった東ティモールが一貫してインドネシア国民を形成してこなかった事実が挙げられている。内部の統一性を持たなかった東ティモールが、インドネシアの侵略（一九七五年）を機に一つのエスニシティとして成長していったことは、アメリカ・インディアンの歴史と対応する。その過程でローカルなアイデンティティを失ったが、それはナショナリズムの時代を生き抜く唯一の脱出口である（あった）という指摘は黙示録的ですらある。

『三つの旗のもとに』には「アナーキズムと反植民地主義的想像力」というサブタイトルが付けられていて、十九世紀の最後の数十年、つまり、スエズ運河の開通（一八六九年）、大西洋を横断する電信技術の発達や電報の普及などによってもたらされた初期グローバリゼーションの時代に焦点を当てている。特にホセ・リサール、人類学者でジャーナリストのイサベロ・デ・レイエス（一八六四―一九三八年）、調整型の組織人マリアノ・ポンセ（一八六三―一九一八年）の三人のフィリピン人知識人がこの時代にいかに世界につながっていたかを分析している。その分析スタイルは学術論文風ではなく、アンダーソンの表現では「一回ごとに話題が完結する新聞小説風」のスタイルをとっている。それは成功したとはいえないが、すでにリタイアしたアンダーソンは、アカデミズムの約束にとらわれず、小説家になりたかった過去の夢を取り戻すべく、こうした記述のスタイルを採用した。

レイエスのフィリピン人の民俗学的研究は、ナショナリズムと民俗学・人類学との共振の一つである。

ドイツのグリム兄弟による童話の発掘や日本では柳田國男の民俗学がそれにあたる。ルソン島北部の先住民出身のレイエスはその出自を最大限に利用して著作をなすが、宗主国スペインやヨーロッパとのスタンスの取り方に、ナショナリストを超える姿勢が見られるという。

アナーキズムは「無政府主義」と訳されるが、アンダーソンが注目するのは帝国主義を敵視し、ナショナリズムにある程度理解を示すが、何よりも「大規模に大海原を横断する移民の時代をいち早く利用した」人びとである。読者は十九世紀後半の世界がいかに深く結びついているかに幻惑さえ覚えるだろうが、それほど当時のアナーキズム的な想像力は国境の壁を超えていた。これは第二次グローバリゼーションがさらに進行する現代にあって、深い教訓を得るべき課題である。

アンダーソンの人生は「周辺」に身を置き続けるという生き様を徹底的に追及してきた人生である。成長の過程でコスモポリタニズムを学び、地域研究というアメリカの国際政治の要請からくる学問を専攻しつつもその要請からは距離を置き、インドネシアの権力機構にも批判的な姿勢を貫き通した。米議会でインドネシアの人権侵害を証言し、プラムディアへのノーベル賞授与を応援するなど、現実政治のうえでも活発な活動をしてきた。アンダーソンのインドネシアからの追放は、一九九八年五月のスハルト退陣後の改革時代を迎えて撤廃された。アンダーソンはその後何度もインドネシアを訪れ、新たな著作も発表していた。『想像の共同体』という古典を生み出した類まれな才能は、このような経歴をたどってその延長上の世界を追求し続けてきたが、二〇一五年十二月、旅先のインドネシア、東ジャワ州マラン市で急逝した。享年七十九歳。

■注

・第一章はおもに、ベネディクト・アンダーソン『言葉と権力――インドネシアの政治文化探究』（原書：一九九〇年）（中島成久訳、日本エディタースクール出版部、一九九五年）序章、ベネディクト・アンダーソン『ヤシガラ椀の外へ』（加藤剛訳、NTT出版、二〇〇五年）第一章を参考にした。

・第二章はおもに、アンダーソン『言葉と権力』第一章、第二章、アンダーソン『ヤシガラ椀の外へ』の第二章、第三章、Benedict Anderson *Java in a Time of Revolution, Occupation and Resistance 1944–1946* (Cornell University Press, 1972) を参照した。

・第三章はおもに、ベネディクト・アンダーソン『想像の共同体』（原書初版：一九八三年、改訂増補版：一九九一年）（白石隆・さや訳、リブロポート、一九八七年、改訂増補版、NTT出版、一九九七年）、アンダーソン『言葉と権力』第四章、アンダーソン『ヤシガラ椀の外へ』第四章、エルネスト・ゲルナー『民族とナショナリズム』（原書：一九八三年）（加藤節訳、岩波書店、二〇〇〇年）、アントニー・スミス『ナショナリズムの生命力』（原書：一九九一年）（高柳先男訳、晶文社、一九九八年）、柄谷行人「エクリチュールとナショナリズム」（『ヒューモアとしての唯物論』講談社学術文庫、一九九九年）、ヨハン・ゴットリープ・フィヒテ「ドイツ国民に告ぐ」（細見和之・上野成利訳、ジョエル・ロマン&エルネスト・ルナン&ヨハン・ゴットリープ・フィヒテ&エチエンヌ・バリバール&鵜飼哲『国民とは何か』鵜飼哲・大西雅一郎・細見和之・上野成利訳、河出書房新社、一九九七年）、エルネスト・ルナン「国民とは何か」（鵜飼哲訳、前掲『国民とは何か』）、を参照した。

・第四章はおもに、拙稿「書評 ベネディクト・アンダーソン『比較の亡霊』作品社、二〇〇五年」（『図書新聞』二〇〇六年二月十八日号）、ベネディクト・アンダーソン『比較の亡霊、ナショナリズム・東南アジア・世界』（原書：二〇〇五年）（粕谷啓介・高地薫訳、作品社、二〇〇九年）、梅森直之『ベネディクト・アンダーソン グローバリゼーションを語る』（光文社新書、二〇〇七年）を参照した。

■推薦図書

『岩波講座現代社会学』第二四巻「民族・国家・エスニシティ」井上俊・上野千鶴子・大澤真幸・見田宗介・吉見俊哉編、岩波書店、一九九六年

一定の方針に基づいて論じられている論文集ではないが、民族・国家・エスニシティに関するレベルの高い議論が展開されている。

大澤真幸編『ナショナリズム論の名著50』平凡社、二〇〇二年

欧米のみならず、日本におけるナショナリズム論の代表的な著作について、平易な解説書であり、ナショナリズムを考える際の事典的な入門書である。

塩川伸明『民族とネイション――ナショナリズムという難問』岩波新書、二〇〇八年

民族、エスニシティ、ネイション、ナショナリズムといった概念の成立と展開を世界史的な広がりの中で位置づけ、理論的な位置づけも試みる意欲的な著作。

大澤真幸・姜尚中編『ナショナリズム論・入門』有斐閣アルマ、二〇〇九年

ナショナリズム論・入門と謳ってはいるが、理論／地域に関わるいずれのテーマも、論客によるレベルの高い議論が、平易に展開されている。本書を最初から順番に読むよりは、自分の興味のある理論、地域の問題をまず学び、次第に全体の議論へと理解を深めていくことが望ましい。

■関連情報

コーネル大学東南アジアプログラム（Cornell University Southeast Asia Program）

コーネル大学東南アジアプログラム（SEAP）は一九五〇年設立以来、マルティディシプリナーな東南アジア研究を行っている。現在、二十四人の専任教員と八人の名誉教授が教育と研究を担い、東南アジア研究の世界最大の拠点になっている。院生は専攻する地域と分析のためのディシプリンの二つを学ぶ。一九五八年以来、アメリカ教育省はSEAPを政治、ビジネス、自然科学の分野におけるこの地域の専門家養成機関として認定している。SEAPにはジョン・エコルズ・コレクション、ケイヒン・センター、それに出版部門があり、ユニークな活動を支えている（https://seap.einaudi.cornell.edu/overview）。

■執筆者紹介（所属はいずれも法政大学国際文化学部）

栩木玲子（とちぎ・れいこ）　教授。1960年生。アメリカ文学・文化。ジョイス・キャロル・オーツ『邪眼』（河出書房新社）、ジョナサン・コット『忘れがたき日々　ジョン・レノン、オノ・ヨーコと過ごして』（岩波書店）。

南塚信吾（みなみづか・しんご）　名誉教授。1942年生。ハンガリー史、世界史。『静かな革命』（東京大学出版会）、『世界史なんていらない？』（岩波書店）。

田島樹里奈（たじま・じゅりな）　博士後期課程在籍。1983年生。現代思想（デリダ哲学、暴力論）、北アイルランド問題。「アートのポリティックス」（熊田泰章編『国際文化研究への道』彩流社）、「デリダ「エコノミメーシス」における「不－可能なもの」」（『現象学年報』第29号）。

大西　亮（おおにし・まこと）　教授。1969年生。ラテンアメリカ現代文学。リカルド・ピグリア『人工呼吸』（水声社）、『抵抗と亡命のスペイン語作家たち』（寺尾隆吉編、洛北出版）。

岡村民夫（おかむら・たみお）　教授。1961年生。表象文化論。『イーハトーブ温泉学』（みすず書房）、『柳田国男のスイス』（森話社）。

廣松　勲（ひろまつ・いさお）　専任講師。1978年生。フランス語圏文学（カリブ海域文学、ハイチ系ケベック移民文学など）。« Mélancolie postcoloniale »（モントリオール大学提出博士論文）、「現代ケベック文学の諸潮流」（『Nord-Est』第7・8号、日本フランス語フランス文学会東北支部会）。

川村　湊（かわむら・みなと）　教授。1951年生。日本近現代文学、文芸批評。『川村湊自撰集』全5巻（作品社）、『紙の砦』（インパクト出版会）。

森村　修（もりむら・おさむ）　教授。1961年生。哲学（現象学、フランス現代思想）、倫理学（ケアの倫理）、日本哲学。『ケアの倫理』（大修館書店）、「センの「道徳哲学」」(1)（『異文化』第17号、法政大学国際文化学部、近刊）

守屋貴嗣（もりや・たかし）　兼任講師。1973年生。日本近現代文学。『満洲詩生成伝』（翰林書房）、『文壇落葉集』（共編、毎日新聞社）。

中島成久（なかしま・なりひさ）　教授。1949年生。文化人類学、インドネシア研究。『インドネシアの土地紛争』（創成社）、ベネディクト・アンダーソン『言葉と権力』（日本エディタースクール出版部）。

国際社会人叢書２
〈境界〉を生きる思想家たち

2016年3月10日　初版第1刷発行

編　者　栩木玲子／法政大学国際文化学部
発行所　一般財団法人　法政大学出版局
〒102-0071 東京都千代田区富士見2-17-1
電話 03（5214）5540　振替 00160-6-95814
印刷　三和印刷　製本　根本製本
装丁　司　修

Printed in Japan
ISBN978-4-588-05312-2